迈向

汉寶德 缪斯

谈博物馆

汉宝德 著

黄健敏 主编

文化发展出版社

Cultural Development Press

目录 INDEX

上篇——博物馆

下篇——博物馆建筑

上篇——博物馆

01 世界博物馆建筑综观

—

世界的博物馆建筑五花八门，可以分为三类：第一类是由旧有的建筑改建而成；第二类是旧有的建筑，原即为展示之用者；第三类为新建的博物馆建筑。

旧建筑改建的博物馆

世界上的博物馆，数量最多的一类就是由旧有建筑改装而成者，这是很自然的。因为在过去，大家把博物馆看成历史遗留下来的文物的贮藏所，把它们贮藏在一座历史上留下

巴黎卢浮宫美术馆

卢浮宫美术馆广场的玻璃金字塔

来的建筑里，在意义上相得益彰，既保存了文物，同时也保存了一座古建筑。从另一个角度看，这是废物利用。这类博物馆，因其规模与重要性，又可分为数级。最重要的一级是由宫殿改装而成的博物馆，世界上有不少著名的博物馆即属于此类。

博物馆之王是巴黎卢浮宫美术馆（Louvre）。卢浮宫为法国王室最重要的宫殿，自十七世纪以来陆续建成，具有重要的史迹与艺术价值，是法国文艺复兴建筑的经典之作。法国革命后，连同皇家收藏一起改为博物馆，目前可能是世界最大，收藏最丰富，观众人数最多的美术馆，确实是西方文明的重镇。卢浮宫积极进行现代化改造，请贝聿铭设计，在其院落中建造了一个举世闻名的玻璃金字塔，使卢浮宫的形象大为改变，观光客已不再注意其建筑史的价值。

卢浮宫是由长条式建筑组成的院落，原是中世纪的堡垒发展而来的，自大门进入院落，建筑物没有主要的进口，所以就没有富丽堂皇的门厅。作为一个博物馆并不合适。一方面观众缺少集中的地方；另一方面观众沿着长条的展示厅前进，很容易迷失方向。同时，现代博物馆的一些重要服务设施，如餐厅、商店等，很不容易安排进去。这样的博物馆只是证明建筑的功能并不重要，只要其收藏中有世界闻名的艺术品，就可吸引每年上千万的游客。卢浮宫是一个第一流的观光点，不能算第一流的博物馆。这就是密特朗总统要加建玻璃金字塔的缘故，卢浮宫需要一个门厅与服务空间。加建后，虽然破坏了古迹的整体环境，但在功能上改进得多了。

迈向缪斯

与卢浮宫情形近似，在规模上略逊的是俄罗斯圣彼得堡的冬宫博物馆（Hermitage museum）。同样是皇宫中展出皇室的收藏。在建筑史的价值上来说，俄罗斯的冬宫并没有什么地位，但其收藏拜沙皇之赐，却是相当重要的。建筑同样是狭长的屋宇围绕着院落，同样的不辨方向，同样的没有足够的门厅。虽勉强设有商店及咖啡厅，但功能并不理想。而观光客不远千里而来，并不会对建筑抱怨。建筑完成于十九世纪，内部比卢浮宫华丽得多，所以这座博物馆中，建筑也扮演了一些角色。换言之，观众来这里，看艺术品，也看建筑。

冬宫博物馆的鲁宾斯厅（©Nagyman, Wikimedia Commons）

圣彼得堡冬宫博物馆（©A. Savin, Wikimedia Commons）

北京故宫博物院是以建筑为主的宫殿式博物馆。中国辛亥革命后，清帝逊位，初期仍保有宫殿，后来因闹复辟，把他们赶出皇宫，才就皇室收藏设立了故宫博物院，这期间收藏品就流失很多了。清宫是中国式建筑，只能做生态式的陈列，要作为现代博物馆是非常不恰当的。中国建筑以厅堂为主，连续性的建筑只有回廊。而厅堂过于高大，寝宫过于狭小，既无法从事现代化的收藏、保存，也无法从事现代化的展示。所以二十世纪八十年代开放之后，进入北京故宫博物院的人如过江之鲫，却极少有人知道故宫有美术品的展示。

北京故宫博物院

迈向缪斯

北京故宫博物院的展览

　　北京故宫博物院的展示区在三大殿台下右侧的回廊里，面积非常小，所以展出的只是中国历代美术发展的大要，当时还要用手电筒的帮助才能看得清楚。近年来，内部装修后，情况改善很多。但以参观故宫收藏为目的者仍占极少数，人们来看的是故宫，想知道皇帝是怎么过日子的。这样的皇宫式博物馆为数并不多，一个国家要具备几个条件才有这样的博物馆。第一，曾经是专制国家，后来革命，消灭了王室；第二，王室曾经喜欢美术品，如中国的乾隆皇帝；第三，在革命时对皇宫的收藏不曾毁灭，比如英国，王室虽有收藏，却没有被赶走，皇宫仍为他们的住所，西班牙、日本亦然。

　　除了将宫殿等旧建筑改建为博物馆以外，其他大部分建筑也尽了古迹保存的责任。这类博物馆建筑亦以巴黎近年完成的奥赛美术馆最为著名，其建筑原为一座火车站。改为博物馆后，建筑物外貌并未改变，反而经过整修，只是其内部

巴黎奥赛美术馆 (©DXR, Wikimedia Commons)

大幅改变，以适合展览之用。改装后，常常比宫殿更适于现代展示的用途。类似的建于十九世纪，具有大跨度结构的公共建筑或仓库为数不少，用以改变为博物馆十分方便。奥赛美术馆之所以特别有名乃因经设计家之手[1]，室内特别动人而已。

建筑上未必特别有名，却成为博物馆界奇葩的，是旧金山探索馆[2]（Exploratorium）。它的馆址原是二十世纪初期所建的美术宫（Palace of Fine Arts）会场，一个近乎仓库的室内大空间。探索馆在筹划期间，找不到地点，原拟设在纽约，但终于在旧金山落脚，成为该市最具国际声名的博物馆。该建筑殊无外观可言，而室内又未经设计，足证博物馆之成功与否与建筑物关系不大。

原本的火车站成了奥赛美术馆的艺廊 (©Benh, Wikimedia Commons)

旧金山的美术宫

旧金山探索馆

大英博物馆

大英博物馆展览厅一隅

十九世纪的博物馆建筑

　　欧洲国家级的博物馆大多建于十九世纪。二十世纪是帝国主义盛行的时代，博物馆建筑为国家力量的象征。因此除了宫殿之外，每一座首都都花费巨资，建设了富丽堂皇的博物馆建筑，以装点首都的气势。博物馆的收藏大多是于帝国殖民地或于战争时搜括所得——尤其是英、法两国，其数量相当可观。因此以博物馆来象征国家的权威似乎颇为适当。

　　这些建筑大多是在国家执政者的主导下所建造的。英国的大英博物馆、伦敦自然史博物馆，德国柏林的几座国家博物馆，都是首都重要的公共建筑，而且是当时最著名的建筑师所建造的。建筑物所采取的风格，以古典最为流行，一

柏林国立美术馆

古典式样的华盛顿国家档案博物馆

世界博物馆建筑综观

纽约大都会艺术博物馆

纽约大都会艺术博物馆展场

方面因为国际流行的学院派是以古典建筑为基础的，另一方面则因古典柱列与文艺复兴圆顶的纪念性比较合乎博物馆的性格。这情形到了二十世纪初的美国，以华盛顿首府地区为首的重要博物馆，几乎都是采用古典式样。

美国虽然起步较晚，但是财力雄厚，二十世纪初各大城市都开始建城活动，而博物馆作为主要的公共建筑，自然

波士顿美术馆

费城美术馆

也不落后。所以主要的城市中都有一座以上的颇为气派的博物馆。除了华盛顿外，纽约的大都会艺术博物馆（Metropolitan Museum of Art）与美国自然历史博物馆（American Natural History Museum）都有国际的声名。波士顿、费城、芝加哥、洛杉矶、旧金山等大城市都有相当著名的博物馆。其中值得一提的是，这些博物馆大多是私营，由民间出资，政府配合建成。有些则是博览会的建筑，经民间投资改建而成，芝加哥的两座科学博物馆都是这样产生的。欧洲十九世纪在帝王支配下建造的首府，博物馆建筑之地位最受重视者，无过于维也纳。其美术馆与自然馆，完全相同，面对面矗立在皇宫

洛杉矶郡立美术馆

旧金山笛洋美术馆

芝加哥菲尔德博物馆（Field Museum）

维也纳艺术历史博物馆

维也纳自然史博物馆

迈向缪斯

门外的广场上。建筑的模样是帝国式的，无非柱廊圆顶。可惜其收藏有限，引不起观光客注意，鲜有人知。另一个最受重视的例子是捷克的布拉格。其博物馆建筑亦为古典式样，建造在主要大街的底端，一个高高的台座上，其外观与室内的空间比皇宫还要富丽堂皇，但是内部不过是普通的自然史资料而已。

欧洲十九世纪的博物馆建筑比较特别的是伦敦自然史博物馆及维多利亚与阿尔伯特博物馆（Victoria & Albert Museum）。这都是十九世纪末期的建筑，属于维多利亚时代，故英国本土风格显著，为英国歌特式的变体，是英国民族主义的式样。

伦敦维多利亚与阿尔伯特博物馆

现代博物馆建筑

二十世纪三十年代之后，博物馆建筑虽然仍然以古典式样为多，但现代主义与功能主义的思想开始影响到博物馆，有些小型的私人博物馆，开始以现代形式出现。当其出现，是以展示的观念为核心考虑博物馆的存在的。因为建筑界的思想家以人为重，只有展示最为近人，最能引起建筑师的兴趣。

一般说来，早年的建筑师并不在乎收藏研究，也不深入研究服务所需之空间。在他们的理论中，博物馆最要不得的属性，就是宝石匣子。收藏对现代建筑家来说，太贵族了，太反人性了。所以在他们的观念中，最淡薄的就是维护与保

巴塞罗那德国馆

柏林新博物馆

存。就是基于此一理由，美国中型以上的博物馆极少由现代
主义的建筑师掌舵。第一代的大师都有理论，但很少有机会
建造作品。包豪斯的创办人格罗皮乌斯（Walter Gropius）
有展示馆的设计，以人的动线为展示架构的动态结合，开创
了现代展示的观念，可是我不记得他设计过博物馆。密斯·
凡德罗（Mies van der Rohe），在理念上别树一帜，强调
善用空间与钢骨破坏结构，在展示馆设计上，以巴塞罗那国
际博览会的德国馆，建立了典范，于现代美术的展览影响十
分深远。但是他的理念直到第二次世界大战后，至垂暮之年，
才有机会在柏林美术馆实现。

纽约古根汉姆美术馆

迈向缪斯

美国的大师赖特（Frank L．Wright）在大战后设计过纽约古根汉姆美术馆，是一个小型现代美术馆，因在纽约，又近大都会艺术博物馆，所以世界闻名。它的特色是把观众参观的动线设计为一螺旋状的环形通道，围绕着一个圆顶笼罩的空间。观众可以自下而上，亦可自上而下，一幅不漏地看完。这种单向走完的动线观与密斯的捉迷藏式的流通空间展示法，恰恰南辕北辙。

　　最有影响力的勒·柯布西耶（Le Corbusier）有自己的一套博物馆观念。他用螺形来表达博物馆无限发展的观念。但是在展示上，他是立体派的画家，所以在手法上与密斯相近，并不考虑动线。他没有机会建造博物馆，但是在东京，经他的弟子的引介，设计了国立西洋美术馆，却受到日本建筑学界的批评，认为完全不合用。

东京国立西洋美术馆

第一代大师是建筑观念的创始者，常常只注意一两项单纯的条件，建筑因其名而闻名于世，但在功能上多不能满足。所幸外国人很重视建筑，常常接受功能不彰的事实，努力保存其建筑。第二代的著名建筑家比较能接受功能的改变，虽然仍不受博物馆界欢迎，但少数作品已经可以勉强被接受。如纽约的现代艺术博物馆（MOMA）为约翰逊（Philip Johnson）的设计，惠特尼美术馆（Whitney Museum）是布劳耶（Marcel Breuer）的设计。

对中国人来说，贝聿铭是博物馆建筑的明星。但他的美国国家艺术画廊（National Gallery of Art）的东厅并不是一座完整的博物馆，一个大门厅夺了展示室的风采，喧宾夺主。所以美国建筑师批评它如同一座百货店，并没有尊重美术品。其实这是名建筑家的通病。他的卢浮宫改建计划何尝

美国国家艺术画廊东厅

路易斯·康设计的得克萨斯州福和市金贝尔美术馆（Kimbell Art Museum）

迈向缪斯

不是如此？即使是在建筑界深受尊重的路易斯·康（Louis I Kahn），他的博物馆设计，也只考虑了人与光线的关系而已！到了第三代，建筑师的名气越来越小了，但名气小，脾气也小，对建筑的认识就谦虚些。所以那些不太为人所知的第三代作品，反而受到博物馆界相当的尊重。后现代的建筑师开始进入博物馆界了。

　　近十几年，科学博物馆设立了很多，因为不重视收藏，而是以大众科教为目的，其建筑为富于变化的展示场，造型新奇，巴黎的蓬皮杜国家文化艺术中心属于此类。一般的博物馆新建者则以加拿大渥太华的两座最为可观。一为国立美术馆（National Gallery），为名家设计[3]；一为文明博物馆（Museum of Civilization），为知名的加拿大建筑师设计[4]。尤其是后者，花费巨资，创造了雅俗共赏的户外空间与造型，其内部空间亦颇合乎功能。

巴黎蓬皮杜国家文化艺术中心

加拿大国立美术馆

加拿大文明博物馆 (©Daryl Mitchell, Wikimedia Commons)

迈向缪斯

瑞士建筑师博塔 (Mario Botta) 设计的旧金山现代美术馆

近年来，美国各地盛行兴建美术馆，盖后工业时代，美术特别受到重视之故也。后现代之风格殊多变化，然而博物馆之典型则已消失，不复往日望之即可辨识了。美国旧金山的现代美术馆即属此类，为一瑞士籍建筑师的作品。

陕西历史博物馆

河南博物院 (© 风二中 ,Wikimedia Commons)

　　至于中国大陆，近年来因经济急速增长，过去博物馆的
老旧感日渐改变，重要的博物馆正不断改建中。最早完成的
陕西省历史博物馆为唐代式样，与台湾的"故宫"相近。尚
有削足适履之感，已经兴建完成的上海博物馆与河南博物院
则为创新式样的现代建筑。可是大陆的新建筑并未经过战后
数十年的洗礼，一般的设计水准较通俗，高雅不足，变化有
余，也许是未来大陆博物馆建筑必然面对的问题。

迈向缪斯

编注

1　奥赛美术馆的改建出自意大利女建筑师盖·奥伦蒂（Gae Aulenti, 1927—2012），1954 年毕业自米兰理工大学建筑学院，1955—1965 期间在意大利知名的设计杂志 *Casabella* 工作，担任艺术总监。同时自行开业从事室内设计，1980 年她被膺选为改建 1900 年兴建的奥赛火车站的建筑师，卓越的成果赢得了全球的赞誉。旧金山亚洲博物馆的改建亦由她操刀，于 2003 年 3 月告成。

2　旧金山探索馆成立于 1969 年，创始人兼首任馆长是美国粒子物理学家，科罗拉多大学物理学教授弗兰克·奥本海默（Frank Oppenheimer, 1912—1985）。他在任内建立驻馆艺术家制度，强调科学与艺术结合，让馆内设备有趣，对所有年龄层开放，冀望人能在自由体验的过程中学习。

3　加拿大国立美术馆是以色列建筑师摩西·萨夫迪（Moshe Safdie, 1938— ）设计。他于 1967 年蒙特利尔世界博览会设计哈比塔集合住宅社区（Habitat 67）知名。

4　加拿大文明博物馆建筑师是道格拉斯·卡地纳尔（Douglas Cardinal, 1934— ），在加拿大完成大学学业后，于 1963 年留学得州大学奥斯汀分校取得建筑硕士学位。1964 年回加拿大执业，以计算机从事设计阿尔伯塔圣玛丽教堂（St. Mary's Church, Alberta），以曲线的造型建立其设计风格并扬名。阿尔伯塔圣玛丽教堂被视为加拿大代表性的现代建筑之一，2007 年加拿大邮局将之印成邮票。

02 现代？美术？馆？

最近教育部与台北市政府联合举办了一个座谈会，讨论有关兴建现代美术馆的一些问题，笔者敬陪末座，听了不少高论。一方面由于与会艺术界硕彦众多，开会为时甚短；另一方面，自觉若干观念十分复杂，非三言两语可说得清楚，

台北市立美术馆

迈向缪斯

台湾美术馆

台南市立美术馆二馆

高雄市立美术馆

台北艺术大学关渡美术馆

故聆教之后并未发言。但会后复觉有些基本观念实在值得讨论，乃写出来供艺术界的朋友们参考。笔者觉得关于美术馆的意见，对名称的确定与解释是最重要的。自名称上可以看出未来建馆的目的，从而显示其功能，及其社会性的责任。政府既然这样积极地表示了建馆的意思，并已经付诸行动，笔者认为此为艺术界一大好良机，使我们对若干模糊的观念加以澄清。

新北市立美术馆

展览馆还是博物馆

　　这是一个很根本，但是很容易被忽略的问题。艺术界人士很直接地认为"馆"字是指展览馆，以别于台湾历史博物馆，或台北故宫博物院。实际上，不论是展览馆（Gallery）或博物馆（Museum）都含有收藏与展示两种功能，其差别只是后者是比较庄重、保守的字眼而已。笔者是比较保守的人，故主张使用"博物馆"解释这"馆"字。博物馆的严肃性，使其收藏之态度郑重，有藏之名山的意思。为什么要这样郑重呢？政府兴建馆舍，不能取代一般的商业性画廊，也不能取代一般性的美术展览！其意义乃在慎选作品，留传于后世。它在社会教育上的价值就在于为社会大众所信赖，为大众的审美活动建立一种标准。

由于这个缘故，博物馆的负责人必须是一位学者，是一位对艺林知识广阔、鉴赏能力高超的人士，而且是一位艺术理论家及历史家。透视历史的眼光是最重要的条件，因为艺术品之收藏必须摆在历史的框架上去看才有标准可循。若是先代的作品固然，要看它在历史上已有的地位，即使是当代的作品也要透视它对未来艺术界的影响，或探讨它已经发生之影响，以笔者看来，它是博物馆应当负起的社会文化责任。这样想，就必须抛弃纯美的价值观，承认美术是人文现象综合表现的结果。美术收藏与展示的意义在大众教育上，不只是美的物品的示范，而且是文化的证物。

洛杉矶郡立美术馆的典藏之一

艺术品之收藏应以历史框架为标准

现代？美术？馆？

台北市立美术馆图书室

台湾美术馆图书室

以色列特拉维夫美术馆图书室

迈向缪斯

笔者承认台北市由于缺乏展览场所，使美术界的先生们感到极端不便，可是这种需要不能用兴建美术馆的方式来满足。台北市需要美术馆，乃有其更严肃的意义，也只有在这种文化责任感之下才值得大兴土木，利用公帑，建造大规模、高标准的馆舍。至于美术界展览场地，可以利用民间社团组织的方式，要求政府补助，兴建画廊，用以鼓励美术创作，促进美术界人士之交谊活动。相信美术界的先进们对此亦必有同感。在座谈会上，笔者所听到的高论中，有主张设置图书资料室者，实在令人佩服。世上够标准的美术馆无不附有类似的设备，为什么在馆内要设置学术研究性空间？答案是要方便研究馆内的重要收藏。要使研究室忙碌起来，这收藏必须要有特色，要广泛，要名贵。

　　大规模的博物馆多附有出租或特约的展览室。但是我们都知道在有名的博物馆展出作品就是一种荣誉。小型而精致的博物馆如纽约的古根汉姆与惠特尼，特约展览的标准很高，我们虽未必同意，却显然是一种政策。未来的台北

纽约古根汉姆美术馆

美术馆自然也可以附有展览的空间，但却不能用以肩负民间画廊的任务。

美术还是艺术

与会的诸位先生们对于"美术"与"艺术"的选择大多决然的主张采用"美术"。笔者觉得未来博物馆中的收藏内容，是否应以"美术"为限，却是值得慎重考虑的。"美术"（Fine Arts）在台湾似专指绘画而言。西方人则指绘画、雕刻与建筑。民众比较不重视建筑，则"美术馆"的收藏只限于绘画与雕塑了。笔者个人喜欢"艺术"胜过"美术"。其原因有数端。一、台湾目前并没有积极收藏绘画、雕刻之外艺术品的博物馆。即以中国闻名于世、大家竞相抢购的陶瓷器而言，若不加积极收藏，恐为一大遗憾。二、笔者个人的看法，开馆初期的收藏活动一定会遭遇很大的困难。如严加

陶瓷器可以是艺术馆收藏的对象之一——纽约大都会艺术博物馆典藏的清朝瓷器

审查，又无巨额经费搜购，收藏品必极稀少，没有理由拒绝绘画、雕刻之外的艺术品。三、笔者认为"艺术"是比较正确的称谓，可避免过时的贵族唯美气息。

有些朋友希望避免"艺术"二字，大约以为"艺术"包罗太广，很怕被误会包括音乐、戏剧，甚至文学在内，其实这种广义的解释我们是不常用的。广义的看来，凡需要锐敏的感觉与熟练技巧的工作都可称为艺术，故政治是艺术、军事也是艺术。狭义的解释，艺术就是指视觉艺术（visual art），包括三大美术之外，尚有一切被认为次要的工艺品。西方艺术史也不太喜欢用美术来称呼绘画与雕刻，多称之为主要艺术（major arts），以与工艺品及装饰艺术分开。纯粹的艺术在人类创造活动的领域中所占的地位很狭窄，只是上流社会的一种装点而已。我们要想办法扩大艺术的领域，在收藏、展览方面，不能再歧视劳力成分较多的次要艺术。

伦敦泰特艺廊

伦敦维多利亚与阿尔伯特博物馆

英国国家美术馆

我们甚至不能再用主要艺术等名目，有意无意地贬低了工艺品的身价。

未来的艺术馆要把艺术与生活结为一体的观念表达出来。艺术不是只供博物馆展览用的，艺术不只是客厅中的装饰，艺术是生活。艺术家不是那些在报纸上常常出现的英雄人物才具有的资格，每个人在生活中注入创造的观念，都可能成为艺术家。若这样看艺术，则觉美术者不过是无用的艺术而已，在我们应该保存与展示的艺术中，应该只占一小部分。伦敦的艺术博物馆甚多，有名的国家美术馆与泰特艺廊似乎只收藏绘画，但比较来说，笔者还是喜欢不太有名，却最庞大的维多利亚与阿尔伯特博物馆，里面可以看到中世纪木造店面的精细木工，看到纪念性铜版刻的全部拓本，看到威廉·莫里斯（William Morris）所装修的整个房间与家具，绘画与雕刻在里面占有一定而不过分的地位，在包含广泛的博物馆里，能使人感到各种艺术的作品互相间没有严格的界限。

"现代"是什么

"现代"是大家都同意的，但笔者听到的各种说法，对现代的定义似乎未尽同意。笔者认为这是未来艺术馆收藏内容中最重要的一个标准。究竟什么是现代？有人说，现代的作品就是目前尚活着的艺术家的作品，这当然是很粗浅的说法，若这样解释，现代应改为当代。另一种较合理的说法，是把现代解释为近乎我们这时代的年代。问题是我们要上推到哪一年，仍可以承认为现代？一个比较方便的说法是依故宫的收藏断代。故宫为乾隆皇帝的收藏，我们就以乾隆以后的年代为现代。那么现代美术馆就只收藏现代的作品。可是乾隆的收藏虽很丰富，却算不上完备，比如清初的"扬州八怪"的作品，则大多流落民间与国外，而乾隆以后的清代画

扬州八怪金农 (1687—1773) 的梅花图册之一——纽约大都会艺术博物馆典藏 (©The MET)

扬州八怪汪士慎 (1686—1759) 的山水花卉图册之一——纽约大都会艺术博物馆典藏　(©The MET)

扬州八怪郑板桥 (1693—1765) 的兰竹图卷之———纽约大都会艺术博物馆典藏 (© The MET)

坛可说是相当沉寂，若以此断代，则有好画不收、无画可收的问题。何况从历史上说，没有更坚强的理由用乾隆去划分时代。

　　笔者不主张随便用"现代"这名称，这可以自实际与理论两方面来说。以实际的情况言，用一个模糊的断代观念来限制收藏的类别，是很麻烦、很别扭的，而且是没有必要的。博物馆应该见好就收才成。何况在理论上现代原为其更深一层的内涵，不便于随意使用。相信大家都同意，现代乃形容别于往日的社会、文化形态。不分中外，现代化这个字眼，乃用来说明这一蜕变的过程。有些先生主张把现代看作现代精神，这自然是无可非议的，但什么是现代精神呢？照字面看起来，应该解释为表达现代社会本质的东西吧！所以若要用"现代"二字，就不能不设法断代，先确定何为现代社会了。

　　由于现代化与西化很容易连在一起，民众在民族思潮发达的今天，很不乐意把它当作台湾文化中的一个阶段。在外国，这个定义并不难下：现代社会就是产业社会，就是中世纪思想，生活方式的终结，理性与物质主义的开始。这个粗略的定义（因为很不容易清楚地以年代表示）是不是适用于台湾呢？笔者不是历史学家或文化学家，实在不敢置喙。如果大家能抛开民族主义的观念，承认台湾正逐步受现代世界的影响，逐步自传统的农业、乡村社会发展成为工业的都市社会，是我国历史上的一大步骤，则取现代这名称大体上可以使用西方的解释，虽然其内容可能大不相同。我们未必要有西方十九世纪末以来的那么多艺术的流派，但可以收集西方的科技东来之后，台湾艺术界所受的影响，艺术品怎样自传统形式，经由表面的模仿，逐渐步上自己的现代形式。如果我们尚没有一个成熟的现代形式，则亦可促使当前的艺术界努力发展出一种代表中国现代精神的艺术风格出来。这样去定义现代，就是要肩负一种文化的责任。现代不是具体的流派或样式，不能用形式来说明。古代的作品可能有现代感，但不是现代，因为在形式上的部分偶合是不能作为时代判定的标准的。比如，南宋梁楷的作品，或清初八大山人的作品

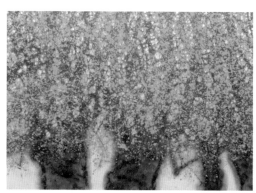

自传统形式步上现代形式的创作——林顺雄的画作局部

《世纪挂轴》，洪瑄，2018 年台北国际艺术博览会 MIT 新人推荐

都有点现代感，却都谈不上是现代作品。他们不过是中国艺术传统思想中的一支，不时受环境的影响外显而已。若说他们的作品表达现代精神，就是形式主义的说法。我们只能说他们的作品与西方抽象表现主义的手法相近，在精神上与现代是风马牛不相及的。

若用社会文化形态来解释现代，则西方的现代作品不能不加以收藏与罗列，因为在艺术的思潮上，我们不能不受西方的影响；在艺术形式上，我们处处感受到这种影响。不管你是否同意，油画与水彩画基本上是西方的艺术表达方式。一方面，追本溯源是博物馆的职责；另一方面，西方的现代作品是现代社会中思想与感情的原始证物。所以在笔者的心目中，这未来的博物馆有点像纽约的现代艺术博物馆，只是它在台湾的台北市，一方面它有保存台湾现代艺术发展史迹的功能，另一方面它有以台湾为中心的地方性特色，有了时间与空间的框架，则博物馆的工作才可以积极地展开。

现代艺术的特点之一，是积极地与社会生活关涉着的、艺术的形式为思想与感情的反映，而社会是产生此种思想与感情的温床。在现代瞬息万变的技术社会中，艺术的形式亦应波涛起伏，高潮时出。这种性质使很多艺术界人士感到不安，但这是健康的现象，没有什么值得悲叹的。同时，我们亦可看到在多变的潮流中，以一变应万变的传统艺术，逐渐流入大众社会艺术的潮流，挥洒而为新的通俗艺术传统。这些都是现代的事实，而博物馆多少对这些事实发挥整理、指导的作用。办得成功的现代博物馆，可以负有历史的任务，可以指向未来，鼓舞视觉世界开拓的努力。博物馆可以使看上去不为社会接受的创造物，逐渐为社会接受。使看上去似乎齷齪的东西，有一种严肃的价值，启发严肃的思想。这就是博物馆的指导的力量所在。

纽约现代艺术博物馆时常主动地提出看法，组织人员，提供经费，安排展览，促使艺术界对某一观点有所反应。主动的指导虽未必一定正确，却代表积极的前瞻性的态度，试图发挥促进历史的功能。这种指导在台湾，也许可以取代政府硬性的艺术政策。笔者以为这才是今天建造现代艺术博物馆的真正意义所在。我们所说的这一倡议大部分是因为回国华侨们所提及，才触动政府首长们的灵机。但是倡议是一件事，实施是另一件事，大家都明白，我们不可能为了观光客，或为了归国华侨而建造博物馆。有时候，我们也许受了太多外在意见的影响。

如果我们不十分介意外来的意见，则考虑这博物馆的需要就贴切得多了。事实上，最近几年来，艺术界一些人微言轻的人物也曾私下把建造现代艺术馆当作话题。所不同的是，他们觉得台湾的现代艺术尚不能算成熟，又没有得到民众的留意，希望借着博物馆的兴建，引起大家的兴趣，他们并不觉得台湾的现代艺术已经大有斩获，只是没有馆舍陈列而已。换句话说，艺术馆的兴建应该是艺术界自我策励的意思，而不是功成业就，要藏诸名山的意思。笔者为局外人，不敢说当前台湾美术界的成就不足以建馆收藏。但百尺竿头，更进一步总是局内外人士共同首肯的态度，而艺术馆的筹建，订定更高的标准，更严肃的态度，以肩负历史传承的责任，应该是一件大家所乐于支持的方针。未知美术界的诸先进能原谅笔者多言否？

——原刊于 1976/11/25《中国时报》人间副刊

03 城市与博物馆

—

　　博物馆是文明的产物，缪斯的殿堂。博物馆的英文，Museum 前半段是 Muse，后半段是 um，直译起来就是"缪斯的殿堂"，这是自古希腊流传下来的观念，为后世所演绎而成的。大家都知道，缪斯是文艺女神的意思，在希腊神话中，缪斯是多数，共九位，代表一切文学与艺术。神话是人类的发明，只有文明发达的民族才会设想出如此浪漫而高贵的神话。可是古希腊并没有今天所知的博物馆，他们的城市中心已有了类似图书馆的建筑。我们知道公元前三世纪的古希腊，其市中心的建筑精美，空间配置典雅，后代无出其右。"缪斯的殿堂"，广义的解释，除了图书馆之外，实际包括整个市中心在内。这种情形在中国何尝不是如此。中国虽然没有缪斯的神话，但自明、清两代的故宫来看，当时的帝王是非常重视文学与艺术的，尤其是明清时期，文化已有数千年历史，累积的历代文物非常丰富。故宫之内几乎处处都是文物，尤其是帝王起居之所。

缪斯的殿堂

　　明清的故宫内，有两座建筑与缪斯特别相关者，一是文华殿，一是武英殿。这两座建筑分处中轴线的两边。文华殿相当于皇家图书馆，武英殿相当于皇家博物馆，只对大臣开放。当时的帝王非常重视文采，因此这两个殿阁是由大学士来掌领，相当于宰辅的地位。有时候大学士的称谓就以殿阁

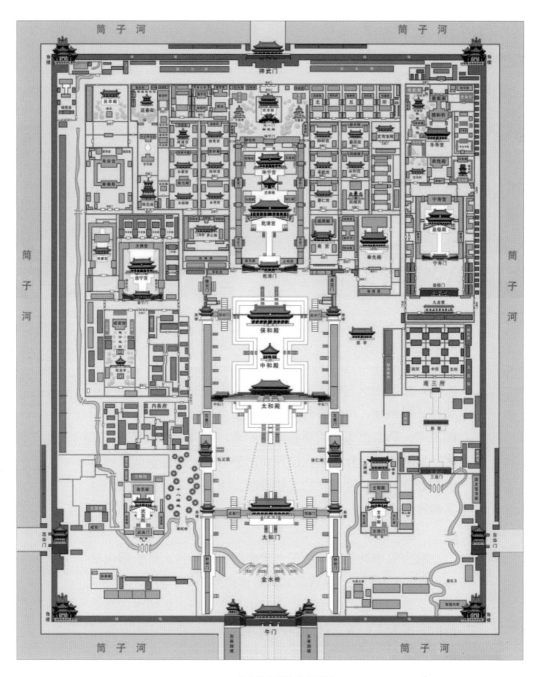

北京故宫博物院平面图

北京故宫文华殿 (©Gisling, Wikimedia Commons)

为名，如文华殿大学士或武英殿大学士。建筑当然不能与中轴的宫殿相比，但仍然称得上富丽堂皇。这说明了凡是文明的国家，都会把文化的精髓供奉起来，作为心灵的象征，作为国家的精神标杆。清代末期，国势衰微，西洋军队入侵，他们抢夺的正是宫殿中的文物收藏。因为广义地说，宫殿就是博物馆。

欧洲的中世纪，经历了上千年的黑暗时代，终于露出曙光，到了十三世纪，基督教文明总算找到了一个精神的出口，那就是教堂。在艰苦求生的岁月中，民众对宗教的虔诚是自然的，因为人们无法控制自己的命运。把自己的生命交给超自然的力量，并没有必要建造一座华丽的教堂。他们匍匐在地祈祷，只要一个洞穴就可以了。然而在经济力量略有起色

欧洲中世纪的教堂——意大利比萨荆棘圣母教堂

的时候，人们想到的竟是建造一座壮观的教堂，为什么？因为人们要使自己感动。人们建的是教堂，实际上是一座美术馆。因为只有美术才能使他们感动。基督教是一个大众的宗教，教堂是一座大众的美术馆。事实上，它不只是美术馆，也是音乐厅。教堂柱子上与神龛上的雕刻、窗子上的彩色玻璃，都是使人们感动的故事。管风琴里的音乐在石拱顶下的空间里回荡着，使人们衷心赞美神的存在。

人们的房屋是低矮的草屋，即使有钱的商人也只是木架构、泥灰墙壁的狭隘楼房。他们居住的城镇就是这样的简陋的建筑拥挤在一起所形成的环境。巷道弯曲、狭窄，铺了粗石的地面，像迷宫一样。只有在教堂的前面有一个不算大的广场，是大家日用交易的市场。当然城镇有一个堡垒，是领

欧洲教堂柱子上的雕刻——意大利卢卡（Lucca）圣米歇尔教堂

迈向缪斯

主及其军队所居住，那是镇民们可望而不可即的。他们所依赖的只有他们的教堂，只有教堂里的神祇愿意倾听人们的心声。在中国的民间，庙宇负有近似的任务。所不同的只是中国的庙宇并不高大，在城镇的构成上，不像西方教堂有支配性的、凌驾一切的气势。我们的庙宇只是门面宽大一些，院落宽广一些，殿宇宏伟一些而已。

　　我在成大做学生的时候，喜欢在台南市的街巷中穿行。狭窄又弯曲的巷道，低矮又暗淡的房屋，只有在街巷交叉处有些明亮的开放空间，豁然就会发现一座小庙面向这一空间而立。这种细胞式的组织与西方中古市镇无异。2005年我再次去皖南访问，看了宏村与西递，建筑的形貌与台湾不同，但其空间组织与当年的台南是相同的。鹿港龙山寺，雕梁画栋，有彩绘的大门，有戏台，有碑文、匾额、对联，有广阔的院落空间，岂不也是一座标准的博物馆兼戏院吗？

欧洲城镇的弯曲狭窄巷道——意大利西耶纳

台南市的街巷

鹿港龙山寺

西方博物馆之发展

　　西方到了文艺复兴，由于领导阶级的开化，教堂更加博物馆化了。他们不再以神为中心建造教堂，而是以神之名，为人的心灵建造庇护所。从古希腊、罗马文明中找到了造型的美感，重现了绘画与雕刻的感动力。这时候，教堂是俗世权力的象征，宗教意味降低了，艺术气氛提高了。文艺复兴的大师受教皇的委托，为教堂内部增添美丽动人的装饰，述说神的故事，却消除了对神的畏惧感。最有名的例子莫过于米开朗琪罗的西斯廷教堂，这座教堂目前已经是博物馆了，每天有人排队前往参观。我相信，自从米氏绘画完成之后，教宗就把它视为美术馆，建筑成为绘画的载体。事实上，在米兰的达文西，把教堂的窗子堵起来，画《最后的晚餐》。这座修道院的圣玛利亚感恩教堂（S. Maria delle Grazie）到今天，也成为排队参观的美术馆了。

梵蒂冈的西斯廷教堂（©Vatican Museum）

米兰恩宠圣母教堂 (©Marcin Bialek, Wikimedia Commons)

可是自文艺复兴以来，博物馆的观念尚未产生，教堂的观念却贵族化了。贵族经过古典文明的洗礼，崇尚高雅的生活，使平民与贵族的宗教观产生分歧，所以巴洛克时代的来临几乎是不可避免的。巴洛克是把贵族品位平民化的过程。艺术自此后在宗教建筑中负有更多的任务，教堂就越博物馆化了。这是作为大众的博物馆的教堂，与作为贵族专用的博物馆的宫殿开始分家的时代。贵族们，包括主教们，经营自己的华丽住处，以美术品装点成为风气，为后世博物馆的滥觞。艺术成为贵族生活中不可缺少的精神食粮，宫室建筑之美与收藏之富，渐渐结合为西方文化的核心，超越了宗教建筑。巴洛克时代到十八世纪的帝王们所建造的皇宫，甚至包括了教堂在内。作为大众博物馆的教堂为数不多，但品位也大幅提升。英国的雷恩爵士，为伦敦建造了伟大的圣保罗教堂，同时也为中产阶级的地方社区建造了不少精致的小教堂。这些小教堂是由一个尖塔、一个厅堂组成，却失掉了美

　　　　　　　　　　　　　　　　　　　　　　　　迈向缪斯

术馆的功能。这是教堂作为大众博物馆之功能逐渐消失的开始，也就是教堂对西方社会的教化力量，必须由一个新的机构取代的时机。

十八世纪的欧洲是知识取代信仰的时代。知识分子都是科学家，科学家都是收藏家。因此这是博物馆萌芽的时代。大文学家如歌德就是业余的自然科学家，有植物标本的收藏。十八世纪末出现了博物馆的雏形，但却是以自然物收藏为内容的博物馆，不是美术馆。在英国开始的工业革命风靡了全欧洲，逐渐解体了传统社会，瓦解了传统城市，改变了人类的信仰。科学与民主的时代于是开始。欧洲国家挟工业带来的力量，对全世界进行侵略，搜刮古文明国家的珍贵文物。这时候，他们不再建教堂了，他们建造的是博物馆。

伦敦自然史博物馆

法国国家自然历史博物馆

　　法国启动了革命的号角，推翻了专制帝王的势力，到十九世纪开始把宫殿与帝王的收藏公之于世，因此博物馆成为民主精神的象征。还没有经过革命的主要国家德国与英国，则兴建了举世闻名的博物馆。大英博物馆是英国具有象征性的民主殿堂，它是新时代的教堂。到了十九世纪中叶以后，在伦敦南安普顿区的核心位置建造了博物馆群，自然历史博物馆以教堂建筑的面貌，成为都市市民活动的中心。巴黎在同一时期建造了自然历史博物馆的大展览厅，面对着青翠的大草坪广场。德国柏林的"博物馆岛"同样占有柏林的中心位置，象征着知识的价值已超过了宗教。这个时期的博物馆，以科学为信仰，民主为精神，成为国家建设的焦点。其内容以自然与考古为主，展示科学研究的标本，象征人类寻求真理的决心。同时对公众开放，把过去为贵族所专有的科学与艺术的积藏，与全民共享。这个时候的全民，不过是中产阶级的市民，但在精神上是民主的，承继了法国革命的理念。这就是美国首府华盛顿的城市规划的观念。规划者以教堂造型的国会大厦为中心，遥遥地面对着华盛顿纪念碑。二者之间就是著名的史密森尼博物馆群与国立美术馆。这是以知识的开放与艺术的分享来象征民主精神、凝聚国家意识的例子。

二十世纪后之博物馆

　　进入二十世纪，博物馆在西方社会取代教堂位置与功能的形势已经大体上尘埃落定。但是时代在行进中，博物馆作

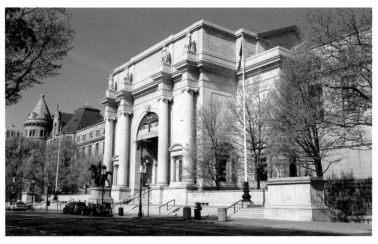

美国自然历史博物馆

位于纽约中央公园旁的大都会艺术博物馆

旧金山金门公园内的笛洋美术馆

为一个纪念性、象征性的殿堂已经不为人民所满足。博物馆
必须肩负起象征与教育的双重任务，才能取代中世纪教堂的
全部功能。因此免费入馆的大众教育政策逐渐成为博物馆的
经营方针，这是民主化第一阶段的任务。这时候，博物馆不
再去争取都市的核心位置，与大众接触最适当的地点，就英
美国家的规划观念，也许就是公园。自都市空间的系统看，
到了这个阶段，教堂与博物馆都被排斥于象征核心之外，它
们成为公园的一部分。美国各大城市都支持私人基金会设立
博物馆，提供公园作为建馆的土地。纽约两座最重要的世界
级博物馆，大都会艺术博物馆与美国自然历史博物馆，都与
中央公园有关，前者坐落在公园旁，后者则面对公园。在西
部的旧金山，两座重要的博物馆，一为笛洋美术馆，一为科
学博物馆，都坐落在金门公园之中，面对着同一个公众活动
空间。这时期的博物馆不能放弃象征的价值，因此它们的建
筑造型仍然是古典庙宇的变形。二十世纪初，美国举办了几
次重要的世界博览会，为芝加哥等城市留下了一些古典式样
的建筑，为博物馆所用。著名的是芝加哥湖滨公园的菲尔德

旧金山金门公园内的科学博物馆

芝加哥菲尔德自然史博物馆

旧金山荣誉军团纪念馆

自然史博物馆与南区的科学暨工业博物馆。旧金山的探索馆[1]
使用的是 1925 年博览会留下来的展示场，场外就是仿古典的
"艺术宫"，为该市的旅游景点。旧金山的荣誉军团纪念馆
（Legion of Honor / Fine Arts Museums of San Francisco）
则建造在一个近太平洋海岸、风景美好的山头上。

　　结合公园的休闲活动与博物馆的知性活动几乎成为现代
都市建设的公式，其例证不胜枚举。举其要者如东京的上野
公园集中了主要的国立博物馆、美术馆，几乎成为文化区。
对于建设比较落后的国家，使用公园建馆，也是基于现实的
考虑，因为都市土地的取得不易。台湾在二十世纪的建馆活
动，如自然科学博物馆、科学工艺博物馆，都使用公园的土
地。所不同的是博物馆不是公园的一部分，而是把公园改为

博物馆用地。这是其他国家和地区少有的现象，是独特的政治环境下的产物。

把博物馆当成教育的机构，与民众分享收藏品，是民主政治的产物，其意在普遍提升国民的科学与美术的素养，使人人都成为高水准的公民。可是随着民主社会的进步，这种指导性的教育观念就受到批评，博物馆是否为资产阶级的价值观的产物，就有讨论的余地。博物馆可以做独断价值的代言人吗？谁来决定价值的高下，由民众学习接受呢？这些疑问与传统价值的解体相关。

后工业时代的博物馆何去何从？在城市的组构中应该占有怎样的位置？可以自两个角度来推论。全民教育的发达，

东京上野公园内的国立博物馆

位于公园内的台湾自然科学博物馆　位于公园内的高雄科学工艺博物馆

经济的富裕，电子媒体的普及化，形成民主化的第三阶段，也就是个人价值与多元价值的时代的来临。中心型的城市观慢慢瓦解，中心型的博物馆观念也逐渐消失，但并不表示传统城市与传统博物馆的消失。在民主化的第三个阶段，逐渐发展出两种生活态度，其一是逸乐的、现实的生活观，其二是严肃的、反叛的生活观。第二种立场是前卫的、破坏的与革命的。高科技与富裕生活带来不断的求新、求变，不断地要求个性化，因此城市生活的枷锁必须解除，传统城市的秩序必须破除。自这个角度，城市已没有博物馆的位置，所以有"生态博物馆"的观念出现。也就是说，奇形异物不再重要了，知识与美感应被抛弃。在人世上，只要自过去存在到今天的，无不是展示品，大街小巷无不是博物馆，只是人们身在博物馆中而不自知。但是任何前卫的思想都是属于少数人的。社会大众的观念变迁是缓慢的，人们的立场并不去怀疑博物馆的存在，要求的是感到有兴趣的博物馆，也就是少一些教条，多一些游戏趣味的博物馆；少一些知识，多一些感性的休闲场所。对人们来说，博物馆内的咖啡香，可能比

台湾自然科学博物馆的植物园

美术品还要重要。因此促生了博物馆游乐场化与卖店化的趋势，使得一些严肃的博物馆人感到无限的悲哀。

此一游乐性的趋势促成了博物馆的建筑空间主导的时代。博物馆曾经是以宫殿式教堂的姿势凌驾其周遭环境的，到今天，造型的严肃性为游戏性所取代，具有大众性的建筑空间超越了建筑的造型。空间比造型更容易造成使人激动、兴奋的感觉。为了顺应大众的心理需要，前卫艺术也改变方向了。他们从大众艺术中取材，这可以回溯到美国二十世纪六十年代的普普艺术，只是经过半个世纪的变迁，犬儒式的造型观，配合着高科技的发展，前卫的艺术与建筑，都是逗大家一乐而已。人们才不在乎城市规划，和谐的美感与永恒的造型不在人们的思虑之中，想到的也许是电脑动画游戏中的外星世界吧！人们要迎接怪异动物的来临，博物馆因此成为城市外星化的尖兵！

——原刊于 2015/12 台湾《建筑师》杂志第 372 期

编注

1 教育家奥本海默（Frank Oppenheimer，1912—1985）于
    1969 年借艺术宫旁的房舍成立科学探索馆，设立的宗旨
    在建立好奇探究的体验，改变学习的方式，因此馆内的
    展品以亲自动手操作为主，2013 年迁至旧金山 15 号至
    17 号码头。探索馆为初高中的美国科学老师们提供共学
    培训，以提高师资力量。自创馆以来，将科学与艺术结
    合是该馆极重要的目标之一，全馆有多达二百五十余件
    展品，许多展品是透过艺术家创作产生的，如唯一不在
    馆内的"海浪风琴"（Wave Organ）就是结合艺术的科
    学展品之一。该馆每年提供十至十二位艺术家奖助他们
    驻馆是其特色之一。

"海浪风琴"是探索馆结合艺术的科学展品之一

04 漫谈博物馆

—

台北故宫博物院的商店

迈向缪斯

博物馆可以文创化吗？

近年来，台湾的文化主管一直在动博物馆的脑筋，台湾的博物馆负担太重了，为什么不能要它们设法自负盈亏？即使做不到这一点，至少要它们尽可能负担一部分吧！有了这种想法，自然想到"行政法人"之类的制度了。这不是日本人搞的那一套吗？这样的想法与近年来台北故宫博物院在贩售纪念品上的优良绩效相联结，就自然扯到"文创"政策上了。如果每个博物馆都学台北故宫博物院，不但可以大量提高参访人数，同时可以帮政府解决一些财务问题。财经人员异想天开，以为只要找到适当的合法制度，就可以如愿使博物馆走上收支平衡的坦途。"文创"二字一定使他们大感兴奋吧！

诚然，博物馆的财务问题确实使全世界各国政府感到头痛。可是"文创"能否自根本上解决问题，与若干年前开始谈到"行政法人"时面临同样的困惑。"行政法人化"确实可以使博物馆的官方组织软化，因此可以较自由地处理经营上的问题。然而根本的问题是博物馆经营能否有足够的吸引力可以使大量观众来访并投入足够的金钱。有了这种吸金的力量才能谈管理制度的效率。谈文创，其先决条件是完全一样的。文创其实就是对观众的吸引力，因为只有大众化与商品化才能称得上文化产业，创意就是促成商品化的力量。

博物馆能不能产业化？这与其设置的目标是直接相关的，而设置的目标与博物馆的收藏有关。所以博物馆不能一概而论，最直接了解此分界线的方式是看收藏品的性质。我通常把它大分为两类，一为标本类博物馆，一为文物类博物馆。

台湾自然科学博物馆所收藏的植物

台北故宫博物院典藏的翠玉白菜

所以搞文创要以文物类博物馆为对象。他们可以发挥创意，使文化产品产业化。有人问我，难道科学博物馆就不可能搞文创了吗？不然。有些科学类博物馆的收藏虽然是科技造物，但却是生活文化中所必需，就仍然要归类于文物性博物馆。比如有些博物馆收藏的是汽车。我们都知道汽车是现代人的日用品，它的品牌、造型等都是汽车爱好者所关心而且认真品赏的，因此属于具有吸引力的文物。汽车不容易当成标本分类收藏，也没有高深研究的学术价值，大多陈列在展示厅中，供观众欣赏，所以科学工艺博物馆应归属于文物类博物馆。

我们很容易用观众的人数来判断博物馆作为文创事业的指标。这是很不可靠的。十九世纪中叶以前，只有文物馆才可能吸引大量观众。如同今天的台湾，台北故宫的观众人数年年上升，实在是大陆的游客所造成的。由于台北故宫的文物声名远扬，所以是理想的产业化的园地。大家都跑来参观，参观时都想带一件有名的复制纪念品回家。所以台北故宫是理想的文创场域。历史博物馆由于缺少著名的收藏品，只好靠特展来做生意了。

　　自然科学博物馆的参观人数一直领先，与收藏无关，是二十世纪中叶以后，以现代化展示推动科学教育，吸引儿童参观所开始的潮流。其吸引力是趣味性，目标是大众教育，这样的博物馆参观人数再多，也无法产业化，因为很多观众入馆是免费或近似免费的。世上有些自然博物馆利用恐龙来吸引观众，甚至展出会动的恐龙，后来就有演变为游乐场的倾向，实在是要不得的。

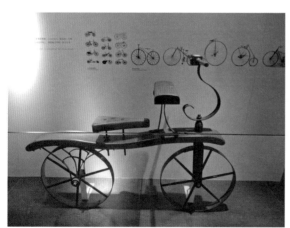

高雄科学工艺博物馆展示的早期自行车

台湾自然科学博物馆的恐龙厅

大体说来，文物类博物馆视其收藏的精彩程度，可以文创化，标本类博物馆只能利用现代展示手法吸引学生与类学生观众，其目标是科普教育，是不宜勉强产业化的。政府在推动博物馆文创时要先认清这一点。

——原刊于 2014/2/14《人间福报》人间百年笔阵

期待台中古根汉姆分馆

台中市的胡志强市长在竞选时宣称如果当选，要在台中建一座古根汉姆美术馆。我以为他是随便说说的，谁知道最近真正动起来了。据说已经准备了七千万新台币的规划费，下一步就要开始征图了。

一座美术馆成为政治的承诺，将是台湾建筑界的美谈。然而这是世界潮流所造成的。首先，在二十世纪的末叶，由于全球性的经济成长与教育普及，艺术的喜爱者大增，在我筹划台湾自然科学馆的早期，美国的美术馆观众远远落在科学馆的后面，可是等科博馆落成的二十世纪九十年代，美术馆的观众人数直线上升，已可与科学馆相较。这个趋势大大地鼓励了美术馆的建设，欧美的大美术馆都进行了扩建计划。其次是纽约古根汉姆美术馆的分馆计划进行成功。

古根汉姆美术馆有很丰富的收藏，但在纽约市大都会艺术博物馆对面的本馆，为赖特设计，可展空间甚小，就突发奇想到欧洲去建分馆。试过莎士堡与威尼斯之后[1]，终于在西班牙的毕尔巴鄂谈成，才有今天世上几乎无人不知的毕尔巴鄂古根汉姆美术馆。建筑由前卫建筑师盖里设计，竟创造了建筑、美术、经济相结合的奇观，使建筑师得以扬眉吐气，

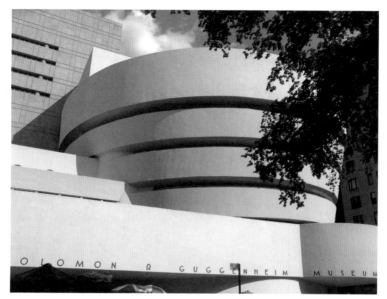

纽约古根汉姆美术馆

纽约大都会艺术博物馆

西班牙毕尔巴鄂古根汉姆美术馆

连政治人物都刮目相看了。这改变了全世界美术馆经营的方略，在过去，美术馆完全靠重要的收藏品争胜，建筑始终居于附属的地位，如今建筑的重要性居然超过了美术收藏，成为首要的因素，因此著名的前卫建筑师生意兴隆起来了，美国各地就有三四十处在筹划新美术馆的兴建，在造型上争奇斗艳，煞是热闹。不用说，盖里更是忙得不可开交。可是他们都能成功吗？

毕尔巴鄂的成功除了盖里的大胆设计之外，尚有几个条件。第一个条件，它是世上第一个突破传统美术馆的功能，完全以前卫造型取胜的美术馆，因此会引起世人的好奇心。这种出奇制胜的方略，第一次成功并不表示第二次也会成功。自从该市古根汉姆美术馆引起轰动以来已四年余，尚未看到第二个如此成功的例子。这如同科博馆以太空剧场开

迈向缪斯

馆,一票难求,后来效颦者多,虽花样翻新,亦未闻有同样成功的例子。第二个条件是该馆的地利条件,那原是工业用地,河水为废水排泄之用,经市政府重整,成为一个河上的半岛。河面宽广,使建筑的形状十分显著、突出,且有美丽的倒影。像这样理想的位置,加上市政府在环境方面的配合,是不容易为别的城市仿效的。第三个条件是它的地理位置,巴斯克在西班牙被视为落后地区,但却位于西欧,近大西洋,可以说是西方文明核心地带的边缘。因此不但与马德里不远,与西欧的各大首都间的航空距离都在一个小时上下,接近高水准游客的最大客源。而英、法两国每年有以千万计的观光客,都有可能到此一游。最后一个条件是毕尔巴鄂市破釜沉舟的决心。古根汉姆美术馆合作的条件很苛刻,毕尔巴鄂不但要出地,而且要负担上亿美元的建馆费用,以及环境、交通建设的责任。最难能可贵的是把建馆的任务完全交给古根汉姆美术馆,包括建筑师的聘请、建筑方案的选定等。

以上的四个条件在欧美的城市中都不容易具备,在台中

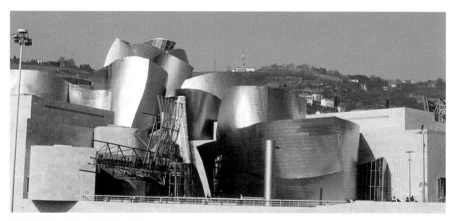

西班牙毕尔巴鄂古根汉姆美术馆

更无一具备。就以最后一个条件来说吧，市政府决定自行以比图方式选取建筑方案。古根汉姆美术馆会不会接受是一回事，这种以层层规范、集体决定的方式就不可能选出具有强烈前卫性的设计。你也许不喜欢，然而设计成功的条件最重要的是有远见的智者的独断。因此我很支持胡市长在台中建古根汉姆分馆的计划，我认为台中号称文化城，多一座国际级的美术馆有助于提升市民文化素养及台中市的国际地位。但希望由这座美术馆带来商机，只能当作一种期望，是不容易达到的。

——原刊于 2002/4/8《中国时报·人间》

校园需要博物馆

在大学教育上占重要地位的美术与科学类博物馆，在台湾各大学中一座都没有。自这个角度看，说明台湾大学教育内容是贫乏的。《民生报》上介绍了台湾的校园博物馆，虽然在标题上说这些博物馆的"宝藏真不少"，但细看内容，可以说是很贫乏的。

首先，台湾主要的公立大学都没有博物馆的设置。台大规模最大，历史悠久，不过只有一个农业陈列馆！其他学生们急着挤进去的大学连这样的陈列馆也没有。倒是我们私立大学设有与他们主要教学单位性质相关的博物馆。这说明台湾的教育工作者不了解博物馆的价值，教育主管不重视博物馆与教育成效的关系。

其次，目前台湾的大学所设的少数博物馆在性质上属于专业，尚称不上大学博物馆。在大学教育上占重要地位的美

台湾大学农业陈列馆

台北艺术大学关渡美术馆

漫谈博物馆

台中亚洲大学现代美术馆

迈向缪斯

术类与科学类博物馆，在台湾各大学中一座都没有。这说明台湾大学教育内容是贫乏的，根本谈不上大学的深度与广度。

在现代大学中，博物馆与图书馆具有同样的重要性。图书馆所保存的是文字资料，博物馆中所藏的实物资料，都是学习与研究不可或缺的东西，而且都是文化的积藏。一所大学应该随着校园的成长，图书与实物的收藏也跟着成长。西方的大学博物馆就是这样成长起来的，它们是历年来师生努力从事研究的成果。在大学里从事研究的科学家，几十年间会收集为数可观的标本，就是大学博物馆很有价值的收藏品。生物学家、地质学家、古生物学家、考古学家、人类学家都是在研究的过程中收集大量标本的学者。如果没有大学博物馆，这些标本就会在研究工作后或在教授退休后流失。因为依靠大学一般研究室去贮存、登录，几乎是不可能的。台湾的大学里丢弃重要标本的消息时有所闻。大学生不能在校园中为先贤的成就所感动，就是一大损失。大学中艺术的研究与教育，需要艺术馆。没有艺术学院的学校，只是为留存学生作品也有设馆的必要，何况在先进国家总有大量捐赠，需要有系统的保存。

西方的大学对于以实物为手段进行教育很早就注意到了。以哈佛大学为例，其福格美术馆天下闻名[2]，其中国古艺术的收藏，已不在话下。在科学方面，有一座相当有规模的皮博迪博物馆[3]，不但收藏了大量的研究标本，而且早已制作教育专用的模型。该馆有名的玻璃花展示，就是在一百多年前用玻璃制成的植物标本，是分析性的放大的模型，馆中复制的大型玛雅石雕，也是为教育之目的展出的。这些馆都对校外观众开放。

在大学的研究与教育中，实物是不可取代的，大学同时肩负了保存与推展文化的任务，台湾的教育工作者必须体会到这一点，才能认真地在大学校园里设置博物馆。

——原刊于 1998/12/19《联合报》联合副刊

请为博物馆立法

在公立博物馆需要脱离公务机关身份，私立博物馆需要得到非营利事业身份的今天，一部博物馆法是非常需要的。鸿禧美术馆为文建会向大陆订制一套曾侯乙墓的编钟，入关时要申请免税，才发现该馆是非法的，没有教育与学术机关的法定资格。树火纪念纸博物馆接到台北市教育局的公文，指出该馆没有立案，是非法的，应先行停止运作。这两件案子发生在台北市运作最有成效的私人博物馆身上，引发了博物馆制度上的问题。

博物馆或美术馆为公益与文化事业，是全世界都知道的，近三十年，全世界刮起了博物馆风，每年不知有多少新

台北树火纪念纸博物馆

的博物馆诞生。这是因为过去的三十年，经济普遍富裕了，世界大体上还算安定，不论是政府，还是富有的个人，都有余力，可以兴办公益、文化事业来提高民众的精神生活品质。博物馆以收藏为基础，以教育为目的，规模不拘，最适合私人办理。正因为如此，各式各样的博物馆就出现了。在美国，这样的发展不成问题，政府并不多加干涉，因为他们的博物馆原则上是不收门票。他们有具有公信力的民间博物馆组织，对博物馆的会员资格予以审查，以保证基本品质。大型博物馆有严密的自律性的组织，以非营利事业的方式自由运作、经营，普遍得到民众的信赖。

到了样样都不成熟的台湾，情形就不是那么简单，第一，台湾的私人公益事业常常是以收费为原则。不但博物馆要收门票，一些文化基金会的活动都要收费。因此不太容易与游乐行业划清界限。第二，台湾的商人习惯于盗用名器，博物馆之名可以随便使用，以达到商业的目的。第三，企业界可以用为逃漏税的合法管道。因此良莠不齐的情形可能发生。

在公立博物馆需要脱离公务机关身份，私立博物馆需要得到非营利事业身份的今天，一部博物馆法是非常需要的。我们不明白，博物馆世纪即将来临，为什么台湾政府与立法院对于博物馆的立法如此不关心？社教司委托自然科学博物馆主导的博物馆法草案已经完成了五六年了，历任教育部长都把它束之高阁。今年初，曾任起草委员的立委陈癸淼直接提出，却因立法委员们普遍的冷淡而流会。台湾的博物馆经过近年的发展，情况已非六年前可比，当然应该加以补充，尤其是私立博物馆设立的部分。但是如果不讨论，如何鼓励具有公益心的私人投入文化与教育事业？近年来，在美术与文物方面，私人的收藏在数量与水准上远超过公立博物馆，而打算设立私立博物馆的大有人在，立委诸公不觉得应该给他们个正式的名分吗？

——原刊于 1998/8/15《联合报》联合副刊

台北市立美术馆的"内容"

为大家所瞩目的台北市立美术建筑就要落成了。台北市的市民与文化界人士对它一方面抱着热切的期望，同时也不免持怀疑的态度。最近几年，全国上下对于文化建设都抱着几分怀疑，主要因为对所谓的软体问题听得多了，又说得多了，造成一片嘲笑与责骂之声。台北市立美术馆因为购置美术品的预算被删除，使得几乎已经就职的馆长掼了纱帽，尤其成为大家指责的目标。听说最近筹备的工作已经就绪，新的馆长也已内定，"软体"的问题应该很快有点交代了。

对于"文化建筑"的批评已经够多了，让我们冷静下来，想想如何使用的问题。事实上，除了几个县市弄得大而无当之外，先盖一座建筑，不见得是了不得的错误；错误在于没有适当的使用计划。文化界应当帮助地方政府，想法发挥这些建筑的功能，以及时纠正差误，走上文化建设的正途。大家总不能冷眼旁观，瞧他们的热闹！拿台北市来说，实在需要一座市立博物馆。适当的地点就在今天的省立博物馆。然而由于管辖的系统不同，省立博物馆虽对台北市的文化活动有莫大的贡献，却没法按照台北市民的需要发展。所以台北市建一座大型的美术馆，虽然大了一些，也是说得过去的。问题是台北市政府有没有决心把它办好，有没有具体的充实其内容的计划。作为一个关心台北市文化建设的市民，我很

台北市立美术馆

希望市政府不但要拟订计划，而且要把计划送到文建会，让大家提供点意见。

有了计划，可以徐图发展，因为博物馆是急不来的。忙中不免有错，而且难保品质。试想，五千万台币的预算在国际市场上不过买一张画，要第一流的品质谈何容易？这需要一位有眼光、有气魄的领导人，扮演大收藏家的角色，做选择性的、明智的投资。所谓"选择性"，是因为美术的领域太广大了，收藏，必须就空间、时间的各种条件，决定一个有利而且有益的范围，这个范围逐渐形成博物收藏的特色。世界上没有一个美术博物馆不以具有特色而闻名的；当然一

漫谈博物馆

个大规模的博物馆不可能是专门性的博物馆，聪明的办法还是集中有限的财力，比较容易在几年的时间内建立可以看得上眼的收藏。所谓"明智"是指收藏家要有伯乐的才能，看出艺术家的潜力，以便在中等价位以下收优秀的作品。有点像做生意，有自信，经过若干年后，辛苦的收藏会逐渐增加价值。在二十世纪初，有多少收藏家有收藏现代画家作品的眼光与魄力？如果看走了眼，大量的投资转眼就付之东流。

即使有了一位有远见的收藏家主持其事，市立美术馆的空间还是略嫌大了些，因为要陆续展出优秀的美术品，恐怕要很多年的时间才能充分使用。所以我大胆建议把市立美术馆改为市立博物馆，以增加收藏的对象，拓宽展示的幅度，担当更多的任务。我知道美术界的朋友可能不同意，但是博物馆可以美术为主而更有包容性，如纽约大都会艺术博物馆，美术馆则属专科博物馆，局面不免狭窄。台北市需要一座综合性的博物馆，除了美术馆之外，可以收藏并展示民俗、工艺品等更贴近生活的文化产物。尤其重要的，台北市需要一个历史文物博物馆，以展示本岛首善之区的开发史与发展历程中的值得我们忆念的故事。如果美术馆改为博物馆，这个问题就解决了。我相信台北市历史文物的展示对于台北市民而言，不论在乡土情感的培养上，还是对市民意识的建立上，都有很大的贡献。欧洲各地每一个重要城市都有这样的博物馆，也是我在访问欧洲的行程中最感兴趣的节目。它的价值绝不下于纯粹美术的博物馆。

这样做，不但充实了博物馆的内容，可以在较短的时间内制作出高水准的展，而且不妨碍作为美术馆之功能，只是为美术品的收藏争取几年的时间而已。据我的了解，正要落成的美术馆的面积比日本上野公园中的国立西洋美术馆与东京都美术馆加起来还要大。这两座博物馆都是世界级的，台北市在短时间内恐怕达不到这种标准，所以把内部展示空间分出一半供文化、历史性展示，绝不会影响美术部门的正常发展。何况即使在若干年后，发生了空间不够的情形，一定可以继续扩建的。

　　我斗胆提出这个构想，是希望抛砖引玉，使高明的朋友们提出更有创意的构想。大家把想法提出来，供未来负责馆务的先生参考，也算是聊尽心意。不知各位高明的读者以为然否？

——原刊于 1983/3/28《联合报》8 版

日本上野公园中的国立西洋美术馆

编注

1 纽约古根汉姆美术馆于 1959 年开馆，1979 年将意大利威尼斯佩吉·古根汉姆美术馆（Peggy Guggenheim Collection）接手营运。1997 年柏林德意志古根汉姆美术馆（Deutsche Guggenheim in Berlin）开馆，于 2013 年闭馆。2001 年美国拉斯维加斯古根汉埃尔米塔日美术馆（Guggenheim Hermitage Museum in Las Vegas）开馆，于 2008 年闭馆。2002 年台中市争取设立台中古根汉姆美术馆，2004 年预算不足计划取消。成功的分馆只有 1997 年开馆的西班牙毕尔巴鄂古根汉姆美术馆（Guggenheim Museum Bilbao in Bilbao）与 2011 年开工而开馆遥遥无期的阿拉伯联合大公国阿布达比古根汉

意大利威尼斯古根汉姆美术馆

西班牙毕尔巴鄂古根汉姆美术馆具有良好的地理条件

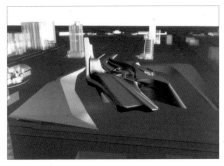

夭折的台中古根汉姆分馆（资料来源：Zaha Hadid Architects 网站）

由 2004 年普立兹克建筑奖得主扎哈·哈迪德设计的台中古根汉姆分馆方案（资料来源：Zaha Hadid Architects 网站）

迈向缪斯

姆美术馆 (Guggenheim Abu Dhabi) 。

2　哈佛大学福格美术馆 (Fogg Museum) 成立于 1895 年，典藏西方绘画、雕刻、素描、印刷品和照片。

3　哈佛大学皮博迪博物馆 (Peabody Museum of Archaeology and Ethnology , Harvard University) 于 1866 年成立，系富商乔治·皮巴地 (George Peabody,1795—1869) 所捐建，典藏品达百二十万件、照片五十万张，是哈佛大学所属的四个博物馆之一。

哈佛大学佛格美术馆玻璃花艺术展览艺廊一隅

哈佛大学中国古艺术展览艺廊一隅

05 我们需要博物馆人吗?

博物馆人才培育

台南艺术学院（现今之台南艺术大学）新创的时候，共设立了四个研究所，其中之一就是博物馆学研究所，这样的计划是按当时文化界的需要提出来的。另一个与文化界比较相关的研究所是艺术史与艺术评论研究所。我当时的想法是有了这两个所，在台湾为未来博物馆事业人才培育方面的问

台南艺术学院

迈向缪斯

台湾自然科学博物馆　　　　　高雄科学工艺馆

题，应该可以获得完满的解决。台湾在博物馆事业上的问题，基本上是人才问题。政府与民间的领导阶层从来没有把博物馆当作一个专业，因此人才问题是从错误认知衍生出来的。整体说来，大众对于博物馆的认识实在太粗浅了。

　　二十世纪七十年代，当台湾开始有文化建设的构想，提出设立美术馆与博物馆的计划时，没有人想到人才问题，大家都觉得有了钱就可以做了。所以教育部门在执行台湾博物馆发展计划的时候，以为由大学负责就可以了。大家都以为只要出去看看就会做了。当时的三座科学博物馆分别由当地的大学相关院长来负责筹备，应该就万无一失。因此当有人问我是什么关系，居然会改行当博物馆馆长，我无以为对。有些不怀好意的问题，可能以为我是钻营来的职位。也有些善意的问题，以为我有什么过人的才能，揣测是教育部门拜托我帮忙，其实都不是。只是因为我恰巧在台湾中兴大学理工学院院长的岗位上，而教育部门所构想的自然科学博物馆也正巧在台中，筹划的担子就自然落在我的肩上而已。这样的任命背后的含义是，只要在这个位置上，谁都可以做好博物馆，也应该有能力规划好一座博物馆。这样的认知是非常幼稚的。

前后的发展，由于自然科学博物馆的成功，主政者反而肯定了这一错误的认知，其实这是瞎打误闯的结果。我担任理工学院的院长是很勉强的，因为中兴大学没有建筑系。由一位货真价实的科学家来筹划博物馆，成功的概率是很低的。我学建筑，又是教规划与设计方法的，本就熟悉筹划的步骤与原则。由我来规划一座博物馆，恰好是对行了。试看后来的科工馆，为什么同类的任命就不灵了呢？

在我筹设科博馆的时候，经建会上有些人是懂得筹划的。筹备期间，他们时常来文提醒人才培育应有计划。我曾编列预算选送数位同人出去进修，由于在当时国外大学中并没有博物馆学系，我派他们去博物馆进修。科博馆的周文豪、张誉腾等同事就是这样开始熟悉博物馆业务的。这样还不够，除了派人出去，还请了外国顾问，遇事就洽商请教。可惜的是，经过了二十年，台湾博物馆界仍然没有建立起人才培育的正常管道。

馆员的行政能力与专业责任

到今天，台湾的博物馆已极为发达，可是对于人才的观念仍然认识不清。大家仍然以为只要懂得本行就可以了。科学家就可做好科学博物馆，艺术家就可以做好美术馆，与一般大学的行政工作无异。诚然，博物馆业务并不是非常艰深

台湾自然科学博物馆没有反光干扰的玻璃柜展示方式　　　　　文物在玻璃柜中展示

的学问，不学而能，对于极端聪明的学者，并非不可能的事。但是完全不涉及专业，外行做内行的事，其品质是不可能提升到一定水准的。在专业的层次，博物馆的收藏技术是传统博物馆学的范畴，包括典藏、维护甚至鉴定在内，台湾向来不太重视，才会发生台湾博物馆收藏的弊端。这一部分其实是比较容易的，所以新设的博物馆反而都上轨道了。

可是现代博物馆业务的重心已经转移到展示与教育了。而这两项最容易被轻忽。大家会认为收藏要专业，展示、教育人人会做，认知的错误自此开始。把画挂起来，弄个玻璃柜摆出来就可以了。其实挂画、摆玻璃柜都要专业。因为不专业，玻璃柜内的玉器才没法看到花纹。因为缺乏专业，参观博物馆的孩子才学不到任何东西，只知在馆内跑来跑去。这几年，在展示专业上好像有些进步了。可是在我看来，这只是表象。我可以说，因为大家知道展示重要，经费已大幅增加，展示开始注意美观设计了，因此室内设计师就跨行来做展示设计，玩些花样吸引观众注意。但是展示的效果与真

抢眼的建筑成为博物馆的梦想——密尔沃基美术馆 (Milwaukee Art Museum)

正的品质却完全被忽略。这是外行假充内行，是博物馆的悲哀。而因为博物馆没有专业人员，看不出品质所在，只有放任外行去冒充内行了。

　　近年来，由于世界性的风潮，博物馆界面临另一波冲击，那就是以建筑来蒙骗观众。大众是被动的，他们来博物馆常常是看热闹，为看门道而来的人为数极少。博物馆的热闹第一道就是建筑。有一座很抢眼的建筑物已经是全世界各博物馆的梦想。好像建筑内外的空间能感动观众，博物馆基本上就成功了，内容如何，教育功能如何，都无足轻重了。不论是展示装饰或建筑空间，对建筑界是喜讯，因为他们多了些表演的机会。有些美术馆自建筑到展示，就全委由建筑师操刀，省时省力，免除了馆内工作人员的专业责任，因此很受欢迎。问题是博物馆的任务何在？难道就是为展示建筑空间而存在的吗？这些现象使我觉得博物馆成为一种专业的需要是非常迫切的。世上的博物馆成倍数增长，台湾也到了处处都是博物馆的时代了。但是懂得博物馆的业务，认真发挥博物馆功能的人仍然太少了。

所谓"策展"之泛滥

近若干年，台湾的美术馆界流行一个新的字眼，"策展人"大概是英文"curator"的翻译，也形成博物馆界观念的混淆。"curator"该怎么翻是一大问题。它的原意是搜藏、

表演建筑成为博物馆的风潮——丹佛美术馆 (Denver Art Museum)

管理的专业者，所以上自馆长，下至收藏库的管理者都可适用。可是自博物馆现代化之后，其适用范围横向发展，展示、教育人员也可称为"curator"了。日本人把它译为"学艺员"，要求的学术水准不高。台湾习惯上把博物馆与研究机构比对，因此称博物馆专业人员为研究人员，身份比照教育单位的教师，分为高低数等。

"策展"，顾名思义，表示展示策划，完全是另外一个专业，与博物馆的"curator"是不相同的。可是自从把策展工作视为展示的前置作业之后，展示专业的地位就降低了。展示的策展者成为主导，展示设计师只是技术人员而已。这样一来，展示作业的一贯性被切割了，展示本来是一种传达意义的艺术，就不能成立了。自某种意义上看，有了策展制度后，艺术家也失掉了独立的个性，成为策展者所驱使的工具了。在古美术或古文物的展示上，"物件"也失去了历史的客观性，同样成为策展者的工具。这说明了一个事实，自二十世纪末以来，博物馆的展示重点已自物件的呈现，转移到意识形态的呈现。策展者并不真正是"curator"，而是评论家、历史理论家，有明显的意识形态的立场或强烈的个人观点。博物馆成为个人思想观念表达的舞台。

我认为一个真正的博物馆人，要把观众时时放在心里，要忘记自己的存在，这就是博物馆行政的精神核心。我们没有办法在工作中完全放弃自我的立场，却要尽量降低个人色彩，尽量使展示与教育方法科学化。博物馆是社会公器，它的收藏与展示都是为公众而存在为他们的利益而存在。这样的观念也要小心护持才成，因为以公众为中心的博物馆人应该小心地分清楚，心里有观众不表示博物馆挤满了观众。如果希望把公众都拉到博物馆里，就会扭曲观众的意义。"观众"应该是以参观博物馆展示为目的而来的公众，并不包含来喝咖啡，看热闹的公众。如果把博物馆的经营重心放在吸引更多观众上，以为观众多就是满足了博物馆"心里有观众"的经营原则就会出现心理的惶惑：我们是在经营博物馆吗？

近年来为博物馆界十分重视的"行销"，就是这样产生的。在商业挂帅的时代，一切要改用商业字眼，这也无可厚非。把博物馆当作服务业，要吸引顾客，就必须推销，改用商业字眼，可以改变传统经营者的理念。为了服务观众而招揽观众有何不可呢？问题在于做生意的人常常不择手段。如果博物馆经营者真做起生意来，忘记博物馆的目标怎么办呢？谈行销，博物馆人当然比不上商人，如果把行销视为博物馆经营的最高目标，那么博物馆专业就不太重要，商业管理反而当行了。BOT（Build—Operate—Transfer，建设—经营—转让），或委外经营等怪现象就会很快出现。如果博物馆都可委托商人经营，还谈博物馆行政做什么？要博物馆专业做什么？

不知不觉间几十年过去了。眼看博物馆自无到有，逐渐成长，满心希望可以发展为一个专业，所以才设立了博物馆学研究所。没有想到，这初生的婴儿成长得并不顺利，我们面临为博物馆再定义的问题。关键在于行政部门、社会力量也许不再愿意在博物馆上投资了。不幸的是，博物馆是公益事业，是国家、社会的永久资产，它无法自负盈亏。行政部门如果无意支助文化机构的经营，艺术行政与博物馆管理都失去了依据。我们的一切努力都白费了。情形真的这样悲观吗？

——原刊于 2004/9《当代艺家之言》秋分号

06 博物馆求真的精神

被指定为历史保存区的鹿港

洛杉矶国家历史园村 (El Pueblo de Los Angeles State Historic Park) 是被指定的历史保存区

蜡像馆的"真"

台湾有些蜡像生态展示，人物连表情都没有，似乎完全不反应在布景中应有的情绪，毫无趣味可言。这几年来，台湾的文化性娱乐事业甚为发达，这当然是民众生活水准提高，休闲时间增多的一种必然现象。同时，自开放观光以来，民众的眼界大开，虽然不能对西方国家的文化细致的部分有所领会，但对高水准的娱乐性观光设施，大多是十分神往的。有眼光的企业家或政府人士不免竭诚提倡或计划投资，发展类似的，既可赚钱，又可对社会大众文化事业有所贡献的设施。

国际上高水准的文化性观光事业甚多，其中最重要的就是历史保存区的指定与维护，使观光客恍然如回到几百年前的世界。在台湾除了鹿港外，有这种条件的地区不多。这样的计划所涉甚广，常常不是私人所可经营，在国际上也大多由政府立法来办理。在保存史迹文物比较先进的国家，如英国，民间与政府的态度是相同的，所以毫不困难地保存了很多历史性建筑。在中国台湾，由于先天条件不足，大家比较有兴趣的是可以新建的东西，所以这几年来，常常听到大家谈到的是民俗村、蜡像馆，以及最近的小人国等。这本来是一个很好的趋向，但是我却很担心在台湾一窝蜂的情况下，这样的事业会不会发展到庸俗不堪的局面。

台湾苗栗客家圆楼中的蜡像

就以蜡像馆来说吧，在台湾已经很流行了。自从中影文化城以来，各地陆续完成了几个小型的计划，有些在讨论之中。我曾有意或无意地看过几个，坦白地说，我是很失望的。我曾很仔细地观察过台湾展出的蜡像，觉得在面貌的表达上，在肤质的处理上，已经达到相当高的水准，但看上去，总觉没有什么趣味可言。后来由于工作的关系，我开始了解蜡像是一种博物馆的技术。外国人开发蜡像馆的观念的时候，是在博物馆的精神上出发的，因此它有一种民众不容易体会的深度。这所谓"深度"，说起来也很简单，不过是一个"真"字而已。

这个"真"字也代表两个意思。第一点是表达上的真实。以蜡像来说，这是指蜡像主角的本身，以及与其相关的陪衬物，乃至它们之间的相对关系，是不是都符合实情。做到这一点并不容易，需要很多学术上的研究与考证。比如表达一

香港杜莎夫人蜡像馆

香港杜莎夫人蜡像馆中的明星——功夫影星李小龙

个古代的故事中的一幕，所牵连的学问要包括服饰、礼仪、家具、建筑、器物、大大小小的全面配合，一点都马虎不得。这是博物馆的精神所在。第二点是真人真事的"真"。自博物馆向前走一步，就不只表达抽象的真实，而且要表达历史的真实。如果所表达的人与事都是大家所熟知而未见、所大感兴趣的，在知识之中，就具有观光开发的潜力了。这是历史性博物馆中的一类。

世界闻名有二百年历史的杜莎夫人蜡像馆[1]就是在这样"真"字的基础上，吸引了成千上万的游客。被选进这座蜡像馆的，必然是世上的名人。他们所选的也许是帝王贵族、政治家、科学家、伟大的将领，也许是活在世上的艺人、明星。所以每有新作，必然造成某种程度的轰动。所以杜莎夫人蜡像馆不但在重现历史，而且在为历史而塑造，其意义岂止为观光而已。

比较起来，台湾模仿的蜡像馆，不但规模不够，而且没有这种塑造历史的胸襟与气度。我在台湾看到的一些蜡像大概分为两类。比较严肃的，是上代政治人物的塑像，其资料虽大体符合真实的原则，但多为习见照片的立体化，缺乏知识性与趣味性，就其目的而言，并无可厚非，只是教育的意义有限而已。至于另外一类，就不过是些衣服架子了。台湾对于蜡像的看法确实类似百货公司中的衣服架子，不论其人物塑造得如何逼真，却不过是一些不会动的模特儿，并没有深一层的意义。在有些所谓生态展示中，人物连表情都没有，似乎完全不反应在布景中应有的情绪，毫无趣味可言。所以我在某一蜡像生态展示场所，看到一群群的游客，自前面经过，甚至没有兴趣停留多看一眼。

香港杜莎夫人蜡像馆中的艺术家——日本艺术家草间弥生

香港杜莎夫人蜡像馆中的帝王贵族——英国女王伊丽莎白二世

　　杜莎夫人蜡像馆在温莎古堡的对面，当年的皇家铁道为庆典专设的火车站里，布置了一组蜡像。那是重现一八九七年维多利亚女王庆祝掌政六十周年来到温莎的一个戏剧性场面。年迈的维多利亚女王，率领已经须发均白的威尔士亲王及普鲁士王后等家人来到温莎车站，首相与温莎市长在旁边伺候，红衣的卫队在马车前列队欢迎等，每个人物都是真人真事，其布局也完全是当时的实情。这一幕非常壮观的实景再现，不但满足了观众的好奇心，而且处处都是历史的知识，因此在趣味中充满了严肃性。

　　就蜡像人物而言，其价值所在，正是完全而逼真的再现。其中每一重要人物都是一座塑像。叫不出名字的人物也都能在表情与行动上恰如其分。他们经过充分的研究，又有足够的资料，所以可以做到博物馆式的正确性。如果只做些衣服架子，所塑人物任由艺师创造，则有何吸引力可言呢？不但对观众毫无意义，对从事塑造工作的人恐也没有味道吧！

在台湾，办蜡像馆的困难，在于没有这样充分的资料，我们既没有西方人文艺复兴以来的写实技术，及留下来的大量肖像，又没有他们保存资料的习惯，要为古人造像实无可能。至于现代人，我们没有足够的幽默感去接受艺师的塑造。所以台湾的蜡像前途就很有限了。小人国的故事是大同小异的，设在石门附近的"小人国"[2]获得到相当的成功，是求真精神的一种自然的收获。

缩小的等比模型乐园

人类都有爱好玩具的习惯，也许由于我们对自己的环境没有支配的力量，所以特别喜欢缩小的模型作为玩具。在荷兰海牙的小人国[3]出现以前，西方人事实上有一种专做缩小模型的工业，生产模型供家庭或个人赏玩。外国的中产之家在儿童游戏室里建造小火车系统的很多，是全家人都喜欢的一种玩具。至于小轮船、小飞机，都是大孩子们很着迷的游戏。英国人对各种比例的汽车、火车、灭火器等，做得惟妙惟肖，其功能也完全相同，实在非常好玩。有些比较大一点的模型，其价值比原有的机器还高，已经不是小孩子的玩具了。世界上最有名的建筑及室内的模型玩具，是在温莎古堡的"玛丽皇后娃娃屋"[4]，那是非常精美细致，惟妙惟肖的英宫中人物、家具、装饰等的缩影，其制造手工之神奇也是大家欣赏的原因之一。

把小人国当作大众娱乐性的设施，与博物馆不无关联。在博物馆中要再现历史上的某一事件，常常需要精确的模型，伦敦市立博物馆要再现十七世纪伦敦大火的情形，就生动地使用了模型。把当年有名的伦敦桥根据资料完全重建为模型，已经使人感到非常满意了。海牙的小人国就是掌握了人类心理游戏的需要，发展为娱乐事业而完全成功的例子。在建筑方面，他们完全复制了重要的皇宫及市街，使观光客一方面看到他们所知道，所熟悉的，一方面又认识了一些他们不知道、不熟悉的，同时收到娱乐与求知的效能。自从小人国事业成功以来，各国都有仿效，大多都根据同一个原则，虽然因其他因素的影响，其成败不一。

在台湾，谈小人国的人很多，但因为民众对细致精致的手工不十分有兴趣，所以认真筹划制作的人不多。我们很高兴看到龙潭的小人国发挥了求真的精神，在建筑的复制上做得非常成功。他们不求急效，认真模制的精神得到了应有的收获。我很担心由于他们的成功，会有人跟进。这并不表示在台湾不可以有第二座小人国，但我担心会有粗制滥造的。我几次听到有人希望再现《清明上河图》的风景，做成小人国的形式，可见动这种脑筋的人不少。但是《清明上河图》本身就是艺术家想象中的产物，所以它只有部分的真实性。尤其是清院本，其建筑的配置，只有在概念上是正确的。比如它的宫殿部分在清宫中并不存在，几乎完全出于虚构。一种虚构的环境，由于不必与真实相比对，做起来一定容易得多，然而缺少了那个"真"字，就失掉了知识性的内涵，成为聊备一格的空壳子，与小孩子的积木没有什么两样。

文化性事业不外乎两类。一类以创造为主，着眼于开拓

台湾自然科学博物馆中求真的蜡像展　　　　台湾自然科学博物馆中国医药展区中的蜡像

心灵世界的新领域。一类以维护为主，着眼于保存已经属于人类的心灵世界。两类之间互有影响，而后者常常是前者的基础。对于有民族风格的创造，尤其如此。用实例来说，指向未来的是画廊，保存与阐释过去是博物馆。用这种划分方式，文化事业没有第三类；失掉了这两种性质，就是纯娱乐性、商业性的了。根据这个原则，也容易辨别文化的假冒者。缺少了这两种性质，几乎无可避免地走上庸俗的，着重感官刺激的路子了，文化理发厅就是个例子。

　　凡走保存与维护路线的，其精义所在，就是一个"真"字。垦丁的青年活动中心落成以后，获得很多朋友的谬赞。但是有不少朋友误认为那是一座民俗村。我常常忙不迭地否认。因为民俗村是博物馆的一种，像韩国的民俗村在欧洲就被称为户外博物馆，其中一事一物都是有根据的。而我在垦丁设计的，是青年活动中心，它是一种创造，只是使用了传

博物馆求真的精神

台湾垦丁的青年活动中心

统建筑的风格而已。我常觉得，垦丁活动中心是一座舞台，一座中国的、传统的布景，让青年朋友们体会到传统空间与造型的意味。但那不是一座民俗村，因为我并没有把它当作户外博物馆来设计。

我很担心未来会有一些民俗村出现，因为我听到太多人说"让我们也建一座民俗村"的话了。据我所知，已经有少数计划在进行中。它们既没有一定的目的，又没有认真的态度，所建造的，必然是一种似是而非的，足以降低民众文化水准的游乐场而已。就以文建会赞助的，设立在高雄的"民俗村艺园"来说，如果在施工以前，没有进行相当的学术性研究，出版有相当水准的报告，我可以断言，必然会造成文化上的灾难。

文化娱乐事业正在热潮上，而求真的精神则是一盆冷水可以让大家稍微冷静一点。如果不计较一个"真"字，就请搞纯娱乐事业吧，如同儿童乐园，同样有其价值，不必把民族、文化等字眼扯在里面。

——原刊于 1984/10/26《联合报》08 版

编注

1 法国大革命时期，杜莎夫人为被执行死刑的贵族们制作死亡面具，尔后带着她的蜡像到英国举行巡回展，于1835年在伦敦贝克街成立了永久蜡像馆，以杜莎夫人蜡像馆（Madame Tussauds）为名。

2 桃园龙潭小人国于1984年7月7日开幕，园内以1/25的比例制作了133件迷你的景观建筑物。

3 荷兰马德罗丹小人国公园（Madurodam），成立于1952年，原名是纪念反抗纳粹德国而被杀害的犹太学生乔治·马德罗丹（George John Lionel Maduro，1916—1945）。灵感来自英国比肯斯菲尔德（Beaconsfield）的小人国，由乔治·马德罗丹双亲出资兴建。

4 玛丽皇后娃娃屋（Queen Mary's Dolls' House）以皇后的行宫为范本，建筑师埃德温·鲁琴斯爵士（Sir Edwin Lutyens,1869—1944）率领1500位专业艺术家、工匠自1921年至1924年精心制作，真实地呈现皇室的生活，建筑物以1：12的比例建成，每一个房间的装修家私等都巧夺天工般精致复制。

下篇——博物馆建筑

07 漫谈博物馆建筑

—

博物馆建筑形式

我首次面对博物馆建筑的问题，是筹建台湾自然科学博物馆的时候。我的专业是建筑，在美国读书时的毕业设计与博物馆类似，照理说，对于科博馆的建筑我应该胸有成竹才对。可是当我需要对自己负责筹划的博物馆勾画一个明确的轮廓的时候，却发现自己居然一无所知。

罗马圣彼得教堂

迈向缪斯

华盛顿国家艺术画廊

　　这也难怪，二十世纪的七十年代正是博物馆意象大幅变动的时代。建筑形式原是其内涵的外显。博物馆的形象在大家的心目中开始改变，是因为它的社会功能已经转变了。二十世纪中叶，博物馆的功能有再诠释的必要，建筑的外观应该是诠释的结果，可是谁有权力做新的诠释呢？是建筑师，还是博物馆的负责人？原本不应该有问题的，因为自有博物馆以来，其建筑都是严肃的，令人望而生畏的类宫殿或神庙形式。在人类文明社会中，博物馆是极受尊重的机构，因此其建筑要向社会传达这样的意念。这就是为什么美国人在计划首都的核心空间的时候，在高高在上的国会大厦的前面，不是政府部会的建筑，而是国家博物馆群。

他们为什么这样尊重博物馆？因为他们极为重视珍藏在其中的"宝物"，然而对"宝物"的看法是因文明发展的水准而有所不同的。西方博物馆的学者视古物为宝物，是把历史的证物当成知识的宝库与文明的标志，认为它们有高度的文化价值，为无价之宝，所以博物馆都与历史有关。在文明上落后的国家或没有教养的人民，对于古物只看重它的物质价值，忽略了这个"古"字代表的意义。古今中外，知识分子都重视历史，但民间的盗墓者却都是为寻找金、玉而大肆破坏文物。西方的科学博物馆是从自然历史博物馆开始，到今天，东方国家还不明白为何有"历史"二字。因为我们不知道，历史就是指事物的来龙去脉，指的是发展与演变的学问。人类文明应建立在这种严肃态度上，把一些枯树叶视为宝物也不为过。

不论是为了人文的价值，还是科学的价值，抱持这种

芝加哥美术馆古典的立面

台湾博物馆

宝物的观念，为收藏品建造一个象征尊贵的殿堂，实际是肯定人类文明的价值，一点也不为过。这就是为什么十九世纪以来，西方大量兴建的博物馆建筑多采用古典庙宇形式的原因。古希腊、罗马的庙宇都是简单的长方形，博物馆则需要比较大的空间，研究的功能也较复杂，不可能是"火柴盒"，但庙宇高贵的象征，也就是三角顶下的一排列柱是少不了的。所以古典庙宇的长形与文艺复兴的教堂就成为博物馆的主要原型。后者就是自正面看一定要有庙宇柱列，上面要加一个象征天域的圆顶。这种教堂式博物馆建筑，代表西方正统文化的尊贵形式，是成熟的博物馆的典型。世界上最重要的博物馆，除了少数用退位帝王的宫殿改成者外，大都属于此类。它的形式语汇来源是圣彼得教堂，伦敦的圣保罗教堂，而采用最普遍的却是美国。华盛顿主轴两侧的主要博物馆，如自然史博物馆、国家画廊是如此，芝加哥的主要博物馆如菲尔德自然史馆、科学工业博物馆、艺术馆也是如此。各城市中几乎随处可见，连台北的台湾博物馆也不例外。

欧洲博物馆创生较早，英法等国的博物馆并没有定型化，但如把古典正面当范式，几乎没有什么例外。仅有的例外是伦敦自然史博物馆，其建筑造型也是走教堂路线，只是舍古典，走中世纪，颇有歌德式风格。到了二十世纪，现代建筑来临，可是我搜尽脑海，不记得见过新式博物馆建筑。勉强算起来，华盛顿国家广场上的美国历史博物馆可算一座，但使用的语汇虽很简洁，墙壁上仍有古典柱子的影子，这时代，有一种新的博物馆的需求出现了，那就是我们今天所指的美术馆，并因此改变了博物馆建筑的意象。

前文说过，博物馆原本以收藏古物为主，而古文物的价值以文物历史为主，然而对于收藏者来说，被珍惜的文物中，具有美感价值者最受重视，因此博物馆进行文物展示时，就不期望以美为选择展品的标准。这样的经营态度，已经使历史博物馆与美术馆的界限变得模糊起来。最明确的例子是纽约大都会艺术博物馆虽然是以历史文物的收藏为主，却自称艺术博物馆。这是因为以美术为号召比较切合博物馆主流观众的要求。在那个时代，上层及中上层社会的精神生活与美术是很难分开的。对他们来说，美感比历史要重要，

伦敦自然史博物馆（©The Trustee of the Natural History Museum, London）

这是一种贵族的博物馆观。另一个重要因素是，在世纪之交，西方社会艺术界有新艺术革命的运动，出现了新美术。到了二十世纪二三十年代，以巴黎为中心的新美术已经成为世界的主流，连美国的中上阶层都接受了。这样的美术与古代的美术之不同处是历史的意义极少，艺术的欣赏价值占主要地位。这样的大势到了二十世纪中叶，就与现代建筑合流，形成一种美术馆风潮，"museum"这个单词在美国人的心目中就是美术馆了。这时候，为中产阶级创造的现代博物馆意象就出现在大师们的作品之中，博物馆建筑本身被视为艺术品，不但要有强烈的个人风格，而且要切合现代建筑合理主义的要求。

纽约古根汉姆博物馆

纽约古根汉姆博物馆的螺形空间

　　此外，博物馆为纪念性建筑的西方传统仍然没有被放弃，使得博物馆成为现代建筑中最有趣的类型，为有野心的建筑师追求表现机会的对象。这段时期最有名的作品是赖特在纽约的古根汉姆博物馆。这是一座以收藏现代画家作品闻名的美术馆，可是它的世界性名望大半是来自那座造型独特的建筑。赖特设计的构想是观众看画的动线。他把动线绕成螺形，中央供采光，自然形成螺状的外观。同一时代，在建筑观点上与赖特完全相反的大师柯布西耶提出的美术馆构想，竟同样是利用动线绕成螺形。所不同的是，柯氏的螺形是平面地安排在一个方形的空间中，可知人类的智慧是受时代影响的。可惜的是柯氏只有理论，并没有在实物上贯彻他的理想，在他为东京设计美术馆时，只在观念上有螺形，实际空间不如赖特那么执着于连续螺线。

建筑师与博物馆建筑

　　二十世纪中叶在博物馆建筑上最有成就的是贝聿铭。他的代表作是华盛顿的美国国家艺术画廊的东馆。在现代建筑中，贝先生是美感主义者，不讲理论，所以在学校里不吃香，但对作为业主的上流社会重品位的人士，则十分投缘。美国国家艺术画廊原收藏与美国历史有关的美术品，但东馆则以新美术为主，所以贝聿铭的作品以几何型雕塑体为表现方法，是很受欢迎的。在内部，他创造了富于变化、有流动美感的大厅空间，上面是透明的富于图案美的钢架顶。因此，现代雕塑体的外形加上流动空间的内部，就成为唯美派博物馆的设计原则，反映在很多当时的博物馆设计上。贝先生因此受到法国总统密特朗的邀请改造卢浮宫，他未敢更动古建筑，却在西向进口做了一个玻璃金字塔，并在一侧的内院加顶，形成富有空间变化的雕刻内

贝聿铭设计的美国国家艺术画廊东馆

美国国家艺术画廊东馆大厅

贝聿铭设计的卢浮宫玻璃金字塔　　　　卢浮宫内院加顶成为雕塑苑

　　庭。可是第二次世界大战后，民主国家的社会氛围改变，博物馆不再以服务上层社会为目标，改以服务广大群众为目的。

　　科学馆志在使大众有求知的机会，美术馆志在使大众有欣赏艺术的机会；展示成为博物馆的主角，贵重的收藏退居其次。因此，博物馆的建筑意象自纯纪念性与艺术性，演变为开放性的公共设施。这个时期，科学馆以吸引大量观众，且可以服务儿童而成为博物馆的主流，国际博物馆协会开始把定义引申，包括了动植物等活体的展示，与天文馆等机械式展示。这时候最成功的博物馆莫过于位于华盛顿的美国国家航空航天博物馆，每年参观人数以千万计，可是大家对它的建筑造型并无明确印象。

美国国家航空航天博物馆 (©David Bjorgen, Wikimedia Commons)

漫谈博物馆建筑

由电厂改装的伦敦泰特博物馆新馆

　　二十世纪七十年代后，在此氛围下与后现代建筑相遇，而产生了一些形式观的变化，其中比较重要的是历史建筑的再利用。十九世纪的再利用主要是利用帝王的宫殿，因为它符合博物馆的纪念性意象；二十世纪中叶以后，则是利用一般的公共建筑，著名者为巴黎的奥赛博物馆与伦敦的泰特博物馆新馆。前者是由火车站改装，后者是由电厂改装，都成为前卫艺术的展示场所。这两座博物馆居然都有因此而居于世界魁首的架势。观众甚多，而大家所记得的不再是建筑物的造型，而是内部展示空间的吸引力。

可是后现代建筑的保守主义精神逐渐为当代社会的民粹主义所冲击，而产生了新时代的表现主义作品。自二十世纪八十年代以后，博物馆建筑领时代之风骚，正式取代建筑内之收藏与展示，成为博物馆存在的主要原因。这是一个世纪前的博物馆界所无法了解的。

以理性为基础的民主社会，经过几十年的普及，已经感性化了，他们作为博物馆的观众，不太在意内部的展示内容，而关心的是感官的刺激。在过去，先有收藏再有外观的博物馆观念，逐渐为先有醒目的建筑，不计收藏的观念。这样的博物馆当然是以西班牙毕尔巴鄂的古根汉姆美术馆为开路先

西班牙毕尔巴鄂古根汉姆美术馆

位于柏林的犹太博物馆

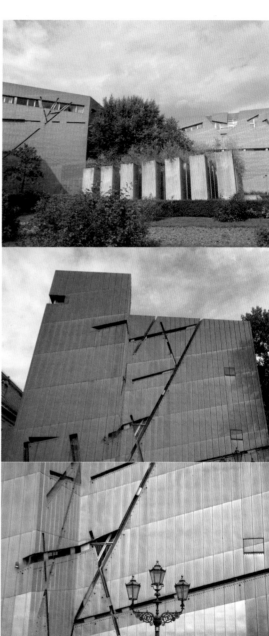

犹太博物馆立面的切痕

迈向缪斯

锋，得到巨大的成功，而为全世界所注目。毕尔巴鄂这座美术馆是没有收藏的，它是纽约古根汉姆美术馆的分馆，其展示是由美国的馆长安排，以巡回展出典藏品为主，自全世界来参观的观众，被这个古怪的建筑所迷惑，完全忘记了美术馆存在的意义。自博物馆人的观点，这是博物馆的末日。自此之后，博物馆就成为建筑游戏的一部分，是典型的浮夸的世纪末风潮。即使自建筑价值评断，几乎也没有可以支持其造型的论述。这样的美术馆居然成为全球各国争相模仿的对象，实在是文明堕落的征象。

可是这种感性的博物馆建筑，除了毕尔巴鄂的设计者弗兰克·盖里（Frank Gehry）这种纯粹玩弄形式的作品外，也有比较认真、严肃的建筑师，把建筑艺术的感性发挥出来，更深刻又恰当的配合其展示，给观众深刻的印象。这样的博物馆时有所见，以东柏林的犹太博物馆为最佳例证。把建筑当作感性表达的工具，也就是建筑成为展示的重要部分，是合乎时代需要的。犹太博物馆在造型与空间上，使用时下流行的歪斜形体与线条，设计出诠释人类苦难的感受，确实是成功的。它的开口都如同乱刀砍杀留下的切痕，令人有惊心动魄之感。到目前为止，虽有不少建筑师希望利用空间与造型的感动力，但因为动力不够，其结果常常只是一个动人的大型雕塑，与博物馆的内涵无关。

未来的博物馆在文化体系中要负担什么任务呢？这是思考博物馆建筑时先要回答的问题。也许博物馆真的可以彻底网络化，或者生态化于无形，博物馆建筑就真的消失了。

——原刊于 2011/6《博物馆简讯》第 56 期

08 博物馆、建筑与建筑师

博物馆与博物馆建筑之纷争

博物馆与建筑之间存在着一种矛盾的关系。博物馆人员持收藏与展示功能的观点，极不重视建筑，甚至有反建筑的倾向；而在博物馆的大众形象方面，又极重视建筑，时常把建筑物的外观作为该馆的标志。

自从现代建筑师介入博物馆建筑以来，常常受到博物馆界的讥讽，他们时常提出评讥甚至有漫画家以漫画方式表达他们的不满。建筑师常常设计出违反博物馆学原则的建筑。在展示空间方面，建筑师喜欢设计有高度变化的空间，其间有楼梯连接。他们希望博物馆人员说明其展示的需要，越明确越好，让他们根据需要来塑造独特的空间。他们希望以建筑的空间来主导展示效果，因此不希望有展柜等设备破坏空间效果。艺术品或展示品是装点空间的东西，不是主角。越是名气大，有创造力的建筑师，越有此倾向。

博物馆人员的看法与此完全相反。他们喜欢的展示场是一个厂房式的空间，要高大，越大越好，越方正越好。虽然展示场的平面形状并不重要，但是越简单越具有弹性。博物馆人员要展示设计人员来塑造展示空间，可以更切合他们的需要。

博物馆人员知道展示是短暂的，建筑相对来说是永久的。良好的设计必须考虑展示要更换的事实，因此弹性最重要。所以对他们来说，建筑物的窗子及一切固定的装饰都是不相干的，因为为了展示，这一切都会被版面所掩遮。建筑归建筑，展示归展示，两者是不相干的。这种内外不必一致的建筑观，通常会使著名的建筑师感到震惊，而慨叹人心不古。博物馆人员虽然也承认展品与人越亲切越好，但是更重视展品的安全。在收藏空间方面，建筑师最不喜欢设计这一部分。因为库房是不见人群的，所以总是把它放在最不重要的位置，不是在地下室，就是在展示空间剩下来的地方，有时候与机房等在同一位置。由于收藏空间是黑暗空间，与收藏相关的研究空间也跟着受到歧视，它们被认为是幕后作业。

博物馆人员的看法就完全不同了。他们认为收藏品才是博物馆的核心所在，那是他们的宝贝，当然应该占有重要的空间。而研究人员是博物馆的灵魂人物，其工作空间应该受到重视，收藏、研究空间应该有最理想的环境条件，甚至要与展示、与公共空间有最方便的连系，甚至也有接待观众的条件。建筑家对收藏空间并没有很大的兴趣，所以他们忽视这一部分并不一定是有意的，只是太重视展示空间了，相形之下，收藏会被忽略。他们不会反对强化收藏空间的地位，但他们的知识领域是空间的塑造，故对这种纯功能的空间有无能为力之感。所以要想做好这一部分，必须聘请顾问。博物馆人员如果非常重视收藏空间，必须坚持一些条件，而且要有过问顾问的资格。

博物馆外观

　　至于建筑的外观，其争议的空间更大了。一般说来，建筑之为一种艺术，仍然以外观最为重要，所以建筑师非常重视外形之创造。而外形有两个意义：其一是博物馆创造一个受人欢迎的外形，可以吸引观众，同时博物馆人员可以引以为傲；其二它是建筑师本身的创造物，是个人的纪念碑。这两大目标之间如果协调得很好，当然皆大欢喜，两者若有冲突，主其事者就要特别留意了。最可怕的就是成为建筑师个人英雄表现的机会。应该了解的是，建筑是一种非常困难的艺术。理想的建筑是外形与内部空间配合良好，毫无遗憾，

巴黎蓬皮杜国家艺术文化中心

外形突出的以色列特拉维夫美术馆

然而这样的建筑几乎绝无仅有。侧重造型就必然牺牲内部的
功能。这就是建筑理论的功用：要有所偏重，有所牺牲合理
化。而以功能为重的建筑，在造型上总不会有太突出的表现。
在这种天生的矛盾之下，博物馆主事者的态度就很重要了。
如果是保守的功能主义者，建筑的外形就要牺牲些；如果是
建筑的爱好者，那就一切听建筑师的了。法国总统密特朗是
一位建筑的爱好者，所以很尊重贝聿铭的意见。蓬皮杜总统
也是建筑的爱好者，所以才有蓬皮杜国家艺术文化中心那样
的建筑产生。可是，执行博物馆实务的人，常常是比较保守的。

吸引观众的外形——意大利罗马当代美术馆

      一个很重要的因素是经费。建筑的造型常常要花费较多的经费,有些建筑的特殊造型是特别昂贵的。所以,决策的层次越高,越比较倾向于造型。在新博物馆建设中,比较保守的主事者会把大部分经费使用在展示上。一般说来,较为大众趋向的主事者会把大部分经费使用在建筑上。因为建筑不只是建筑师的纪念碑,同时也是创馆者的纪念碑,而建筑对大众而言最为醒目。

      根据我们访谈的经验,日本新建的地方性科学博物馆,建筑与展示经费的比例是各占一半。日本已经是相当重视建筑的国家，而其建筑造价非常高昂。在较落后的国家，建筑造价偏低，高科技的展示仰赖外国，所占比例较高。加拿大新建的文明博物馆，其全部建馆经费都花在建筑上。内部展示的花费很有限，因此也乏善可陈，是另一个极端的例子。

正确的态度自然是不偏不倚的态度。建筑是很重要的，但是博物馆是一个永续的事业，其运作非常重要，建筑的造型不能影响功能，也不能对营运造成太大的不便。这是博物馆主事者应持有的基本态度。请注意，建筑师与建筑的关系是短暂的，建成后，设计费算清就消失了，博物馆人员与建筑的关系可能是终身的，有些人一生的事业都在一座博物馆里。

其次，适当地运用经费，使建筑的造型不让观众失望也是很重要的。过分的保守，也就是太过低调，不易引起社会大众的注意。请注意，有名的建筑师不见得设计出大众有兴趣的建筑，建筑的造型理论如同抽象画，越高级，越不容易懂。如何掌握雅俗共赏的原则是很重要的，在建筑界得奖的作品

日本地方性博物馆——静冈美术馆罗丹厅　　加拿大文明博物馆

常常是民间不喜欢的作品；民间反映良好的建筑，常常是建筑界评价不高的作品。这是建筑界与大众间的鸿沟，是博物馆主事者必须深切体会的。

同时要注意，建筑不是永恒的。不要动不动认为博物馆要用数百年。建筑的寿命比展示要久些，在古代，公共建筑是国家最重要的工程，又多半是耐久的石头砌成，所以建成之后，不太会拆除，但都会不断地增加，卢浮宫虽有数百年的历史，但是十七世纪的部分已经被后世的建筑所包围，完全看不到了。何况现代的建筑技术，再建、加建都很容易，外表又是贴片的，今天是砖材，明天就可以改为石材，只要有经费，改头换面并不困难。

旧建筑改装

要问博物馆建筑对管理人员有何意义的话，那就是建筑造型对其形象的影响。大多数的博物馆馆长并不懂得建筑，所以，他们宁愿接受一座古老的建筑为馆舍，以免除新造建筑的烦恼。但是，他们也知道古老的建筑除非经过改装，大多不甚合用。其实他们大多喜欢古老建筑的原因，实在是古老的纪念建筑大多已有了相当富丽堂皇的外观，尤其是被放弃的古代宫殿。即使是十九世纪以来的公共建筑，也具备了纪念建筑的特质。何况自十九世纪钢铁结构发明以来，该世纪的大众性建筑特别多，而钢屋架可以跨过广大的空间，其外观则完全受学院派建筑的支配，是早期中世纪或文艺复兴的式样，大多附有很多雕饰，包括立体的古典风格的雕刻。这样的建筑最适于改装为博物馆之用。在先进国家，十九世纪的车站、展览场，甚至大型的仓库，都具备作为博物馆的

美国国会大厦

科罗拉多州议会大厦

原作为展览场的巴黎大皇宫如今成为博物馆

条件。美国到二十世纪前，创造了一种典型的公共建筑的造型，即古典庙宇门廊，上加圆顶，正面横向展开的模式，这就是国会大厦的模式。然而把这种造型缩小成不同大小的建筑，可以做各种公共建筑使用。州政府大都采用这种形式，有些学校的行政大楼也可以使用，法院等有纪念性需要者亦然。被广泛地应用在展览性建筑上，多少有点突兀，可是自此我们了解，美国人对博物馆之类建筑的看法是与公共纪念建筑相通的。台湾博物馆前身是当年日据时期的台湾总督府博物馆，也采用此一形式。总之，在西方传统中，博物馆是属于高度纪念性的机构，在民众的心目中，它是很崇高的、超然的。所以法国的总统直接介入国家文化机构的兴建，而美国则把仅有的国立博物馆系统安置在国会正面的大道两旁。

在台湾的传统中并没有博物馆这种机构。可是细查历史，就会发现自宋代以后，中央政府中就有馆阁学士的设置。它本是属于翰林院的，后来就成为一种崇高的，具有象征意义的官衔。凡是在政府执掌实权的人，则加一个馆阁大学士的头衔，以加重其威望。而馆、阁在今天就是皇家博物馆或图书馆。比如在清代，我们知道有武英殿大学士这个官职，同时我们也知道武英殿是一座兼有文物与图书收藏的宫殿，可见殿阁等指的就是宫中的博物馆或图书馆。如果这个解释是正确的，那么不分中外，博物馆都是国家象征性的建筑，必然有其纪念性了。

既然中外都会接受博物馆为纪念性建筑的观念，其予人的印象就离不开纪念物的特色，那就是造型永恒感与尊贵感。永恒感在建筑上反映了与天地并寿的希望，所以形式上是坚实的、不易破坏的。博物馆的展示场与收藏库大多不需要开窗，因此这一点是容易做到的。几乎可以做成一块巨石雕刻的形状。十九世纪的学院派建筑很容易做到这一点，现代建筑如约翰逊（Philip Johnson）等人的作品，也可以简单的线条做到这一点。

形式之外是材料。石质是有永恒感的，青铜亦然。因此古典学院派建筑大都使用石壁铜顶。省立博物馆（今称台湾博物馆）的外壁因经费之故未用石材，但亦用仿石的材料。近来石材因开发的技术精进，已成为普通的建材，塑造一个具有纪念性的外观，材料已经不成问题了。坚实感最怕开口太多，因此大门的处理就成为关键性的问题。学院派一律使用古典柱列，是很容易讨好的，现代建筑就颇费周章了。至于尊贵感，在形式上以均衡为美，肃穆为贵，并需要具有上

台湾博物馆

宫殿式样的台北故宫博物院

迈向缪斯

流社会的特征。中国的建筑为木造，不具有永恒感，却有贵族的威严，就是很好的例子。这就是台北的故宫博物院一定要建成宫殿式样的缘故。

现代主义时代的博物馆观念反对纪念性，因为纪念性太像宝石匣子，太过于贵族化，没有考虑到大众的亲和性。当时思想进步的建筑家，主张博物馆透明化，轻快化。这也是有道理的，但是与博物馆的保存任务抵触，很不受欢迎。现代主义的理论属于功能主义，反对形式主义，所以不愿意就造型谈造型，这同样是不受大众欢迎的态度。但是，二十世

华盛顿宪法大道上圆形挑高的赫胥宏美术馆

博物馆、建筑与建筑师

美国国家历史博物馆

美国国家艺术画廊东馆

迈向缪斯

纪也是表现主义的世纪。与功能主义同时并存的，还有浪漫的表现派。所以，在二十世纪中叶同样有形式象征的需要。只是博物馆属于稀少的建筑，不容易找到例子而已。直到最近，新式的博物馆大量兴建，尤其是科学类博物馆，在造型的要求上就比较开放了。在华盛顿的宪法大道两旁，最早的新建筑形式的博物馆是圆形挑高的现代艺术博物馆。后来是方正的航空太空博物馆与历史博物馆，再后来是像一把刀子一样的国家艺术画廊的东馆。三座建筑都是现代主义的作品，象征的意味都不够，所以在学院派老式博物馆建筑之间，并不十分受人欢迎。这也说明创新的形式表达一个熟悉的意象不是十分容易的。即使是渥太华的文明博物馆，虽然其造型很有吸引力，但要说明它的象征意义还是不容易。

不论是现代建筑，还是后现代的建筑，比较成功的博物馆建筑作品仍然要表达出永恒感与尊贵感。简单的壁体与几何量感，整齐的柱列，庄严的开口，仍然是比较为大众接受的形象符号。科学博物馆，尤其是以教育为主要目的的科学

陕西省历史博物馆（汉宝德提供）

中心，则以活泼的博览会气氛取胜，有意创造未来的造型。未来感，也就是前所未有的新鲜感，是新式科学馆的形象指标。大陆新建的几座博物馆，如陕西省历史博物馆采用古典唐代建筑造型，最为传统，近似西式的学院派。上海博物馆圆鼎形，为形象写实古典的现代建筑。河南省博物馆（今河南博物院）采用三角形造型，为不具有象征意义的现代造型，代表三种形式观。

博物馆建筑三形式

第一类，传统造型，是中国人所喜欢的。陕西省历史博物馆，是古建筑复原，在形象上很合国人口味，与南京博物院（原中央博物院）在观念上近似，但也有相异处。陕西省

南京博物院（汉宝德提供）

有中式屋顶的台北故宫博物院加建建筑　　　　加上中式屋顶的台北故宫博物院主建筑

历史博物馆是将中国唐代的建筑群的形象复原，作为博物馆的前庭正面，所以更传统些。南京博物院始建于抗战时期，当时对传统建筑的了解乃以独栋为准，所以就以北方辽代的形式建了一座超大的正殿为正面，很气派，也很讨好，只是显得孤单些。若与此相比，台北的故宫博物院则是标准的中国传统建筑，那就是设计一座现代建筑，外加中式的包装及中式屋顶。台北故宫博物院至今连续加建，已有三座独立的大型建筑，但其造型虽不统一，却都有中式屋顶。在精神上并不古典，自传统的造型看，也够专业，而且主建筑的屋顶太小。然而，一般民众并没有那么挑剔，显然认为台北故宫博物院应该如此。台北建于三十几年前的历史博物馆及南海学园的其他各馆都是属于改造式的传统建筑，可见自古中国人就有文化建筑应该有中国宫殿式屋顶的看法。这几座馆舍

台北历史博物馆

台北南海学园中的科学馆

台北南海学园中的艺术教育资料馆

台北南海学园中的南海艺坛

建筑师不相同，细看其设计风格，亦大不相同，但由于都加了一个大屋顶，粗看上去是同一类建筑。

第二类，形象化的造型，也是中国人所独有的观念，但极少有机会呈现。我在过去几年曾有数次听到有人建议把博物馆做成可以认得出来的形状。博物馆建筑可以做成鼎形，也可以做成环形等，一方面可以显示其内容，又可象征馆的重要收藏，对大众一目了然，且有发现类比熟悉形状之乐。这种观念在造型的理论上比较幼稚，但却直接有效，上海博物馆就是如此。中国人古代的容器常被做成动物的样子，形成独特的造型文化，但是很合乎普普艺术的原理。

第三类，突显的抽象几何造型，完全是现代建筑的产物。如果与功能主义合起来，这种造型就有深度，有水准，若不考虑功能，又没有象征的意义，那就是粗浅的现代主义观念，与中国人并不相合。如果用在今天，完全是崇洋的观念造成的。很不幸，这类的现代主义作品在不成熟的现代化国家中却是很普遍的。他们通常以为这是进步的象征，但等现代化成熟后，就要急着改建了。

抽象几何造型的丹佛美术馆

09 博物馆建筑的规划

—

博物馆建筑计划与形式创造

　　建筑的规划是实现博物馆规划目标的手段，因此其成败也是相当重要的。在建筑学上，欧美始终把计划（planning）当作一个短暂的过渡程序，重点放在空间与形式的创造上。但在日本，则视计划为一门科学，研究、整理之不遗余力，中国人不妨兼采欧美与日本之长。

华盛顿国家艺术画廊东馆铁三角：董事长梅保罗（Paul Mellon）、馆长卡特布朗（Carter Brown）与建筑师贝聿铭（华盛顿国家艺术画廊提供 ©National Gallery of Art）

建筑计划的前期作业乃在选建筑师。在欧美，尤其是美国，建筑是一种艺术，所以著名的建筑师都有著名的企业界人士为后盾。博物馆既然大多为富人的捐献，建筑师亦多由捐献人指定。如果不是一位捐献者指定，则为董事会所选定。强有力的馆长可能影响董事会，但原则上，建筑是董事会的事，与馆长无关。由于董事长及董事们大多德高望重，日常以收藏文物自娱，对博物馆业务并不了解，所以其选择是以艺术风格为标准的。馆长接受这样一位建筑师，多少要迁就建筑师的意见。所以认真的功能性规划并不容易，建筑师常常主动提一些主意，而且会主导整个规划过程，否决馆内工作人员的建议。换言之，在欧美，建筑师常常是核心人物。

　　在日本，情形略有不同。日本的博物馆没有董事会，馆长是可以做主的，尤其是公立的博物馆。可是日本人很尊重权威与专业，馆长可能有选定建筑师的权力，会非常尊重建筑师的专长，尤其是聘定了一位有名望的建筑师。受聘的建筑师也许很受尊重，但在骨子里，日本人是尊重权力的，建筑师也会尊重馆长及其同僚的意见。尤其重要的，建筑师非常认真地把自己所受的计划教育施展出来，为业主服务。所以，日本的博物馆建筑是由建筑师按照馆长等人的专业意见，加上自己的专业训练建成，表现的机会比较少，四平八稳，比较合乎博物馆的需要。

　　最麻烦是在台湾，人们没有专业观念，主其事者大多是外行，既不懂博物馆，又不懂建筑，而且人情包袱重，个人权威感高，因此若非蛮干就是不知所措。其上没有董事会可以肩负责任，在过去的威权时代，谁的关系好，谁就可以得到设计权。到了开放时期，要求公平、公开的呼声渐高，乃

由董事会主导兴建的台南美术馆

流行以竞图方式选择建筑师，这是瞎子摸象的选拔方式。负责甄选的评审人员均为不懂博物馆的建筑师及公务员也，主要的困境是选择了外行人主事。博物馆是新兴事业，人才缺乏，实在很难找到适任的主事者，是政府的难处，也是官僚体系下的现象。

竞图得奖的建筑师可能提供了一个不合用的设计，但得奖后，只好将错就错，照样建起来了，台湾美术馆就是如此。如果不适用，一定要修改，否则对其他参选者不公平，易引起争议。既然根据设计选出，怎可改变设计？总之竞图的结果，等于在短短几十天内，完全仰赖建筑师的判断而完成的空间规划，以后反而不能谈规划了，这是很荒唐的。事实上，成功的建筑规划应该是有经验的建筑师与有经验的博物馆人员长期合作所完成的。因此，正确的规划步骤应该是先请一位有经验的建筑师制作建筑规划书，请有经验的博物馆人员为顾问，协助写出建筑规划书。这规划书的内容应该包括了各部门运作的空间，空间之间的联系，及各部分空间的大小及设备的标准。当然要说明空间规划的步骤及推算的方法。这本规划书经过再三的斟酌，定案后，就是建筑的蓝本。如

台湾美术馆

博物馆建筑的规划

果办理比图，可以依据这规划书来核对作品，不得违误。如果遴聘建筑师，亦可用规划书为面试的材料，了解其思辨的能力与工作的精神，为了校核方便，规划建筑师最好与设计者分开。

二十世纪八十年代，有少数博物馆利用了这个办法，但是又出了毛病，主要因为所托非人。困难处是没有经验的主事者，常常只能交给学术单位办，而且只签一个合约就等待规划书出现。请注意，学术单位大多有名无实，特别是有名的学校，有拉生意的本领，所以教授们忙碌不堪，报告却是助教或助理写的。即使是教授，完全无博物馆的经验，又无建筑的实务经验，所以很可能写出幼稚不堪的报告。可是，这种报告是害人的。博物馆的规划报告书粗糙地完成，却认真地采用，可能造成可怕的后果。例如，某报告书中对展示空间单元的设定为了方便画成一个方块，为三十米见方，就成为博物馆空间的基准。三十米是大跨距，至少浪费几千万元的经费，建馆拖延数年，竞图时，入选的建筑师就依此方块设计，失掉了更具象征意义的可能性。错误的规划书与庸医误人是相同的，千万要谨慎处理。

由上面举的例子，可知规划书是很有用的东西，但也是很危险的。只有主其事者不避艰苦，深入了解，方能执掌正确的方向。有一种方法适用于大型而内容单纯的博物馆的规划，即邀约国外著名而有经验的建筑师，以有偿比赛的方式，提出规划书。其条件必须予中选者合乎国际标准的代价，才有吸引力。如能把规划、设计、营造合一，最具吸引力。其弱点是博物馆几乎无置喙之余地了。当然，自几家规划书中选择一家，也是很专业的工作，是不容易做的。

先规划后设计

　　规划书的制作要注意一点，千万不能把规划与设计混淆。不论是专案委托或规划竞赛，都容易犯这个毛病，规划是一种思考的过程，其结果应该是数字，或组织的构想。设计则是根据思考的结果，通过艺术手法，用图面的方式表现出来。如果先有规划，后有设计，则设计的成果是有根据的，合乎博物馆需要的。可是用设计的图样来代替规划，是打算用具象的图案代替思考、研究的过程。图案比较讨好，容易使人忘记其真实的内容。这就是竞赛式的规划书常常只是设计说明书的原因。一定要记住，规划是设计的先期作业。

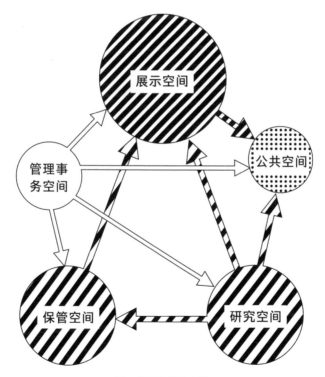

图一　建筑规划的内容

图二 博物馆空间图解

以日本人的资料来说明建筑规划的内容（图一）。首先，要自整体的组织着手，建立一个空间的范式，建筑习称为图式（Diagram）；也就是把博物馆中各部分的空间关系联结起来，如同日本"建筑资料集成"中的图解。这个图解，只供参考，并不是所有的博物馆都适用，要根据主持人的理念，把自己的图解建构起来（图二），而且整体到部分，层层都要有图解。一个制作良好的空间图解，反映了建筑师对这个机构作业关系的理解程度。比如台湾自然科学博物馆的收藏单位，就是由这样的图解建构起来的。所以收藏库就成为精神的中心，而需要空间特别大的收藏库就只好放到地下室去了。有了这样的图解，下一步要研究的部分为空间数量，也就是要知道多少平方米。在博物馆中，这几乎完全是由政策来决定的。所以要自上而下来分析。一定要注意，在建筑规划前有全馆规划，因此发展目标是建筑规划的准绳。

比如我们根据组织架构知道空间分为三大部门，分别为行政与大众服务、展示教育、搜藏研究。首先要知道这三部分的比例。日本的资料集成中列了表，比较各博物馆的各部分的空间比例，可以看出，各馆都有自己的一套想法，出入甚大，这说明我们要为自己研究出正确的空间分配表来，这与规模是很有关系的。规模太小，图解就很简单，主要的空间都分配在展示上，因为收藏品都展出来了。规模大些，则展示支援空间尤其是教育活动空间增多，也许会有收藏空间。再大些，公众服务空间会增加，正式的收藏空间与研究空间就有必要。超过一定的规模，馆员的数量大幅增长，他们使用的办公空间就占相当的比例了。

日本是比较保守的民族，他们虽然知道博物馆因其历史与性质，各部有不同的比例，还是为一般博物馆定下一个参考比例，那就是收藏、展示、行政，等于四、三、三。他们是比较重视收藏的。如果一座博物馆是文物性的，其规模在15000平方米左右，这个比例大体适当。在此情形下，展示教育部分约占5000平方米，也就是1500坪，其中300~500坪为教育用空间，如演讲厅、演示室、准备室等。展示空间已有相当的规模，可供观众做半天的停留。如果能将四、三、三，改为三、三、四，就可多做些公共服务的工作。比如餐厅，甚至会员服务等都可有充足的空间。在通都大邑及观众特别多的地区，建设现代化的博物馆，后者的比例是比较恰当的。请记住，空调机械等要占有相当大的面积，要在以上比例中扣除。

大体的比例决定了，再去仔细研究细部空间的分配。一个5000平方米的收藏部门要分配多少给收藏库？多少研究室？多少实验室？最基本的空间与设备是什么？这些都要请馆员参与研究，请注意，博物馆的空间永远不足，因为其工作没有界限，外缘的条件就是其界限。所能筹得的经费及人员就是其界限，要根据这些数字来分配，才是合理的。

台湾的省级单位在规划的时候，是多头马车领导，没有统一的决策单位，所以博物馆会予人缺乏规划界限之感。上级单位没有统筹博物馆的单位，主管单位成事不足，表示意见帮忙几乎常会形成障碍。所以核准的计划并没有经过全面的考虑，因此才有建了一座大博物馆，而缺乏人力经费的困境。人事由人事单位负责，即使核准的计划中有人力一章也不算数，因此计划必然受政局的影响。

细部空间规划

在细部空间分配上，建筑师的专业很重要，但博物馆专业也很重要，因为必须牵连到设备标准问题。一个恒温恒湿的二十四小时空调的收藏库要怎样建筑与设备，都要详细考虑，并加以说明，必要时应聘请顾问。这时候也可以引进展示的观念，在新建的博物馆计划中，有时以内部的展示主导。这是现代功能主义理论的产物，自内而外的设计。因此，声望特别高的展示设计家常常希望反过来影响建筑的设计，至

台湾自然科学博物馆
生命科学厅

迈向缪斯

少也要与建筑同时设计，互相影响。因此，就产生两种不同的模式如下：第一种模式由建筑主导，只是提供展示空间而已，却是最常用的办法；第二种模式，建筑空间比较活泼，而且也有功能为依据。但是其根本的困难就是展示会改变，展示的寿命比建筑的寿命短，除非是非常长期的展示，未来改变时比较耗费。

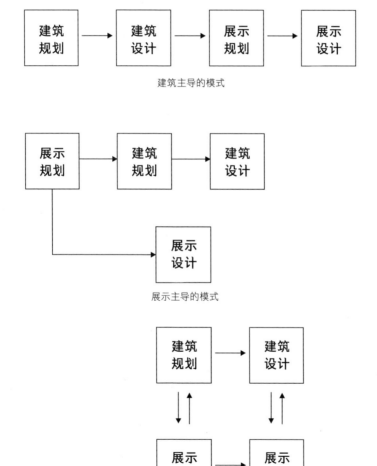

建筑主导的模式

展示主导的模式

自然科学博物馆的模式

台湾自然科学博物馆的建筑规划是依据上页第三组图示，即展示构想与建筑规划同时进行的方式实行起来，觉得颇能兼有两者之长，值得参考。该馆生命科学厅部分，先由展示设计师提供展示动线规划及展示构想，交付建筑师，作为此依据。建筑师综合其观念于建筑计划内，建筑设计期间，再由展示设计师酌量修改而定案。该馆生命科学厅自入口到"粮食与人口"，经恐龙厅的系列就是这样完成的。

台湾自然科学博物馆生命科学厅展示之一

台湾自然科学博物馆生命科学厅展示之二——人耳内的小骨

台湾自然科学博物馆展示之一

台湾自然科学博物馆展示之二

迈向缪斯

台湾自然科学博物馆恐龙厅

台湾自然科学博物馆恐龙厅一隅

10 博物馆建筑的设计

珠链式空间设计

建筑到了设计的阶段，已经完全是建筑师专业的范围。当然，不了解博物馆的运作，还是无法建造一座完美的博物馆的。首先要有设计的概念，这个概念在设计技术上称为气泡图解。如果能在建筑的平面图画出之前，先有气泡图解，将更有助于设计概念的讨论。在中大型博物馆的建筑设计上特别需要这种讨论。

柏林美术馆 (©Pollo ,Wikimedia Commons)

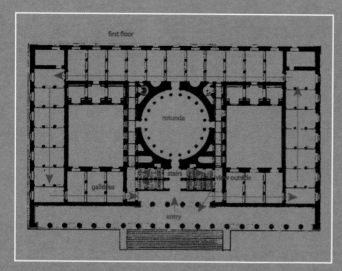

柏林美术馆平面图（资料来源：Pimosley. Tumblr.com 网站）

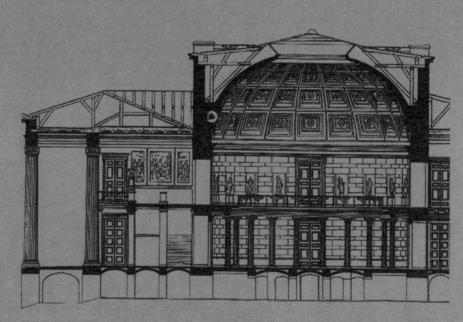

柏林美术馆剖面图（资料来源：archyes.com 网站）

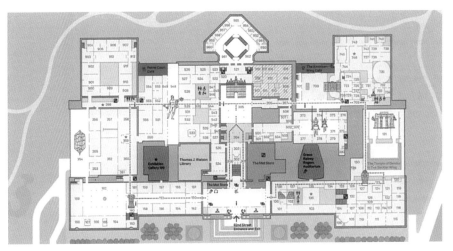

纽约大都会艺术博物馆平面图（©Met）

纽约大都会艺术博物馆

以下说明此种图解的意义。自从辛克曼于十九世纪在德国柏林设计美术馆以来，博物馆的展示各部分，习惯于采用珠链式。那就是走进展示厅，发现厅厅相连直到走出展示厅，回到公共大厅，其图解如下。

珠链式的空间设计

这样的安排，ABCD 可以为一条直线，也可变成一个圈，使首尾相接，它的好处是观众不会遗漏什么，不喜欢看

纽约美国自然历史博物馆（©Ingfbruno, Wikimedia Commons)

芝加哥的菲尔德自然史馆 (©Zissoudistrucker, Wikimedia Commons)

的部分就快步走过去，这就是参观博物馆容易疲劳的缘故。如果博物馆太大，这样的图解就分为数串。每看完一串就回大厅休息。所以博物馆的大厅是非常重要的，必须设计得使人感到愉快。大厅加上楼梯间，可以设计得非常美丽，欧美的博物馆大多如此。有大厅的纽约大都会艺术博物馆与没有这样一个大厅的纽约美国自然史博物馆比起来，后者是一个迷宫，不容易找到方向，芝加哥的费尔德自然史馆就愉快得多，乃有一大厅之故。

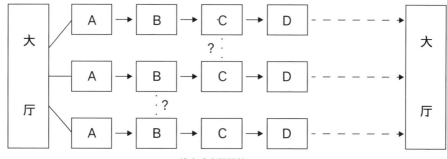

线串式空间设计

　　这种线串式的组织，如果太长，而在中间向大厅多一个出口，就会造成迷宫的感觉。如果在上图的三串间连上两个短线，就可以让人迷失在里面。芝加哥的科工馆就是如此，除非常客，要非常小心，否则是找不到出路的。所以要采取珠串式组织，应该严守原则，不可有岔路，以免形成迷宫。

花朵式空间设计

　　东方人比较不喜欢线形组织，尤其是在较小型的博物馆中，各个展示之间不一定有连续的关系，实在没有连续参观

台湾自然科学博物馆生命科学厅

台湾自然科学博物馆中国科学厅

的必要。因此需要走进一个公共的空间，展示部分均直接有公共空间进入，那就是花朵式。

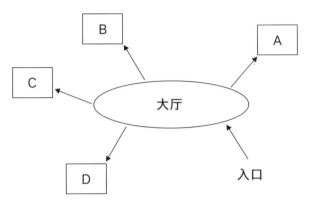

花朵式的空间设计

这样的关系强调了中央空间的重要性，也给予观众选择展示的机会，不必走遍全馆寻找某一主题。比较大规模的博物馆也可以使用花朵式，可以是高层的多重花瓣式，也可以采用花束式组织 。

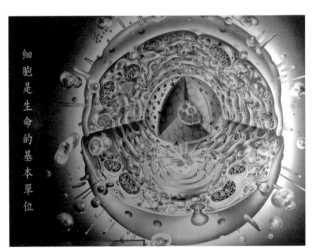

台湾自然科学博物馆生命科学厅的展示

台湾自然科学博物馆中国科学厅内的水运仪象台局部

迈向缪斯

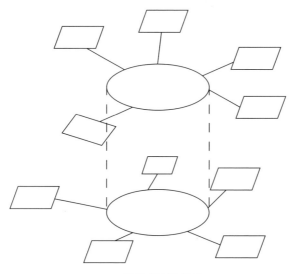

花束式的空间设计

为了方便，展示单元之间亦可连线，如花朵式的空间设计中的 B 与 C 以及 D 之间。但动线就混乱了，虽然兼有连续与集中式的好处，还是不宜随便尝试。台湾自然科学博物馆的设计概念，第二期生命科学厅是英国人设计，所以使用的是珠串式，第三期中国科学厅是东方人设计，使用的是花朵式。前者的自然演化部分是一长串，自"众妙之门"开始，后者则以"水运仪象台"为花心，向外辐射，是可以比较参考的例子。如果不照这两种模式，一定会产生不知如何参观的感觉。

以公众为主的设计原则

在介绍了主要的设计构成概念之后，下面提出几点注意事项供主事者参考。

第一，公众为主的观念：把公众放在第一位，就是上面所讨论的，构想图解的主要目的。有几个原则可以提出来。

1. 以动线清晰，观众不会迷失为原则。尤其是在大型博物馆中，设计博物馆内部空间与城市无异，要有明显的地标，使观众容易辨别。

2. 公众使用的空间以接近主动线为原则。主动线等于城市中的大街，商业建筑自然要面大街而立，公众才能注意到，小街小巷只适合熟悉环境的人，所以可供馆员使用。

3. 公众使用空间要间杂休闲空间。要把主动线当成市街，市街上应有座椅、饮料供应的摊贩，供大众之需。博物馆同样有此需要。

台湾美术馆

　　　　　　　　　　　　　　　　　　　　　　迈向缪斯

台湾美术馆市街观念的展览空间

　　这些观念掌握住，还要留意一点，不要离开博物馆的形象。有些设计，考虑了公众性，忘记了形象，就产生误导的情绪。比如贝聿铭的国家画廊，建筑设计得很考究，但考虑公众空间过甚，展示空间受到压制，有人批评如同百货公司。台湾美术馆有市街的观念，可惜没有配合博物馆形象的考虑，就真成为一条市街及百货公司了。

　　第二，亲切至上的观念：博物馆的建筑要求宏大壮丽，是一般人愿意接受的。因为它象征国家的文化，民众进入一个壮观又考究的博物馆，感到作为国民的骄傲，甚至可以启发爱国心。可是认真地说起来，这并不是博物馆的目的。博物馆是搜藏与维护文物与自然物，并从事展示与教育的地方，这样的组织，对物要严加保护，对人则要亲切，是不用多说的。博物馆的建筑空间最困难的一点，就是既壮丽又亲切的要求。亲切就是人性化，壮丽就是纪念性。纪念性与死亡的观念相关，人性化与生命的观念有关，要如何调和这两个南辕北辙的感觉呢？从比例上说，壮丽就是要高大，高大使人感觉渺小。而亲切就是要小巧，小巧使人感觉心安，而有宾至如归之感。调和这两种尺度而无所偏失，是博物馆设计的最高技术。

在我的经验中，欧洲传统的国家博物馆，有些是完全壮丽趋向的，没有考虑人的观点。而有些科学中心，如有名的安大略科学中心，则完全考虑亲切的尺度，甚至没有一间大

安大略科学中心 (©the Canadian Encylopedia)

迈向缪斯

台湾自然科学博物馆广场

厅，是另一种极端。一般说来，芝加哥的费尔德自然史馆，是在内部空间上，可以兼有两者的良好例子。在台湾自然科学博物馆的建筑上，由于努力想做到这一点，所以并没有很重视建筑独特的造型。

台湾自然科学博物馆的建筑最有特色的一点就是创造了一个广场。这个广场兼具纪念性与亲切性，是世界博物馆界中仅有的例子。以这个广场作为博物馆的进口，有欢迎观众、接纳观众的感觉。比起一般博物馆，如台北故宫博物院或美国的各大博物馆，用一个庙宇的正面与大台阶来面对观众，

博物馆建筑的设计

台北故宫博物院的大台阶

迈向缪斯

费城美术馆的大台阶

台北市立美术馆的电动扶梯

博物馆建筑的设计

巴黎歌剧院大厅的梯阶（资料来源：Pinterest 网站）

捷克布拉格国家博物馆前厅梯阶（资料来源：PragueStay 网站）

要亲切得太多了。这座广场可供群众活动之用，因此是大众性的。它不太大，因此两边建筑的宽廊上的人群可以参与或观赏其广场上的活动；它也不太小，可以陪衬并增加建筑物的雄伟感。人群是建筑纪念性的道具。这是都市设计的观念，一般建筑师常常忽略掉。

因为使用了都市空间的观念，所以这个广场也具有过道的功能。为了减低广场所受到两边建筑的压力，除了在两边设置了广廊之外，局部的开口，使观众可以看到内部一部分的活动，降低了严肃的感觉。玻璃窗及内部的陈列物是重要尺度的指标。

至于室内空间壮丽的感觉，除了面积特别宽大、面材装饰特别华丽之外，有两个重要的因素。其一是梯阶，巴洛克式的梯阶本身就是装饰品，与台北市立美术馆的电动扶梯是不可同日而语的。巴黎歌剧院大厅内的梯阶并不大，却使该厅成为世界上最有名的建筑作品之一。设计成功的梯阶有引人仰望、向上抬头的作用。而仰望是纪念性感觉产生的主要来源，所以壮丽的另一个要素就是天花。巴洛克式的天花通常由壁画、吊灯、浮雕等装饰得富丽堂皇，如有一穹隆，洒下间接的光线，处理得好，其壮丽妙不可言。捷克的国家博物馆，没有观众去看展示，都集中在二楼前厅的穹隆下面。

协调亲切与壮丽的对立

我介绍亲切的观念，却反而先介绍壮丽，是要说明壮丽感之来源，只要除去了这些要素，就可得到亲切感了。要协调壮丽与亲切的对立，就是在壮丽的建筑物内，设立一些小规模的、亲切的公众活动点。也就是设法融合服务性卖店与休闲空间，或户外休憩设施于壮丽的建筑动线上，以降低壮丽空间所带来的疲劳。

一般说来，近代展示设计是要求完全合乎亲切的人性原则的，所以在展示空间之外的空间压力已经减轻很多。如果能注意以下几点做法，就可以不失人性化的原则。

1. 若不需要太高的空间，就使用四米以下的高度。天花高度是人性尺度最重要的指标。连带的门宽的尺寸，越接近"家"的标准越亲切。

台湾自然科学博物馆弯曲的廊道

台湾自然科学博物馆中的商店

迈向缪斯

2. 不得已时，把灯光降低，把天花涂黑，使观众在感觉上置身于可以控制的空间内。这是摄影棚中使用的办法，在展示室内时常常使用。美国旧金山探索馆内不觉得过高，主要是因为上部天花很暗。

3. 尽可能地使用温暖亲切的材料。博物馆室内多数使用石材，以其合乎壮丽之原则也。除非必要，否则应改用较亲切的材料，比如砖块、木材等家庭中使用较多的材料，台湾自然科学博物馆在卖店中使用木材装修，就是这个道理。

4. 尽可能减少直、长、广、高的走廊。在大型建筑中，过长、过高的走廊是造成恐怖感的因素。廊道弯曲，宽狭有致，将使观众增加停留的兴趣。廊边有些活动，可减少生硬僵直之感。最好有些小规模而亲切的空间，以供观众休憩。

第三，安全第一：博物馆的设计要注意管理上的安全，其理由是十分明显的。

1. 公众安全。博物馆是一个公众场所，有很多观众入内参观，所以在设计上一定要注意紧急疏散的动线。到博物馆来的人常常是第一次来馆者，万一有疏散的必要，容易造成混乱。建筑设计上如能使公众空间都有直接通往户外的出口最为理想，然而这样的设计不可避免地将使门禁的控制发生困难。比较可行的办法是利用户外展示作为过渡空间，在必要时可以避难，又可以控制。以台湾自然科学博物馆为例，为了达到紧急疏散的目的，展示场如"我们的身体"有直接通往户外的防火门，但是这扇门经常有被推开的问题。日常中，观众与馆员均不甚遵守规矩，甚至可自内推开此门，不予关闭，作为方便的出入口，因此博物馆几无

台湾自然科学博物馆药园

门禁可言了。但是在"演化展示厅"中，紧急出口通往一座小型植物园，此园本身是一展示，四周仍有围墙与馆外隔绝，因此可达到双重目的。此一情形在"中国的医药"展示中是通往药园。

2. 展品安全。与公众安全相反的是展品安全问题，因为威胁展品安全者正是观众。此问题我们留待讨论展示时再详细说明，此处要指出的是，为了展品的安全，在建筑上开口越少越好，展示区对外不应设门、窗。前面说过，为了公众安全，逃生门是必要的，但这些出入口，对于有价值的展品而言，是很危险的。所以，对于美术馆及文物馆而言，上文中建议的台湾自然科学博物馆模式是不适当的，因为科学馆不甚关心展品安全。美术馆与文物馆的展示区最好不要有任何开口。紧急出口应该设置在公众活动区域，以便发挥公共服务的作用。一般说来，观众经常爆满的博物馆由于互相监督的作用，比较不容易发生展示品被偷盗破坏等安全的问题。

3. 收藏库的安全。收藏库是保存珍贵文物或辛苦收藏的采集品的库房，其安全主要在于收藏品的维护与保存。一般认为文物是比较重要的，尤其是价值昂贵，或极为稀有的文物，一定要有适当的安全防护。其实博物馆的一切藏品都是很重要的。即使自然史收藏中的昆虫与树叶，虽然为采集所得并没有任何交换价值，但是经过研究人员去采集，采集之后需要长期的加工整理，加工之后又要加以分类、编号、存档及写好标签，所花费的代价，即使最容易取得的标本，业已花掉至少一只民俗器物的价钱。如果此一标本已入计算机存档，其利用价值几乎无法取代了。因此，任何博物馆必须秉持一个原则，即所有的标本都要完成登录作业，所有已完成作业的，除非为了研究或交换的目的，都不可以随意毁灭。

藏品的安全性

藏品的安全性有两种：其一为内在性的毁灭，如温湿度的不适当，或虫害、锈蚀等破坏，这一类将于后文中讨论；其二为建筑上的安全，即在防火与防盗方面的规划。我们在此简单提出几点说明。

1. 收藏库的位置：收藏库的位置与防盗的关系密切。在小型博物馆中，收藏库多设在研究室中，自研究室进入，研究人员就负有守护之责。这种安排，便于研究，也节省人力。

在中型的博物馆中，由于收藏量大，非研究人员所能兼顾，乃有专人的设置。此时收藏库虽设在研究室附近，但要有一处独立空间，有专人看守或持有钥匙。这时候收藏库中最好不要有研究空间或工作空间。尤其是文物性的收藏，更应该彻底分开。

收藏库为研究室所围绕确实比较安全，而且合用，此时要注意的就是防火了。在大型的博物馆中，当收藏库不能考虑研究的方便时，库房为了安全，多设在地下特别密闭的空间。台湾故宫博物院甚至曾挖掘山洞以宝藏之。他们的藏品整年装在箱中，除了盘点或摄影外不会开箱，所以密藏是可行的。台湾自然科学博物馆则把收藏库分为两部分，一部分比较重要，且与研究关系密切者，设在研究室的附近，为研究室所围绕；另一部分体型较大，不易损坏，不常使用者，则设置于地下室。对于自然史或科学博物馆，这是可行的办法。

有些博物馆的收藏库是对外开放的。为了便于外人参观，要有特别的公众进口，由研究人员引导至仓库。若干年前，我去参观时，英国维多利亚与阿伯特博物馆的中国瓷器收藏库，在该馆的最上层，竟无人看管，观众可自由入内参观。唐宋陶瓷满地置放，如果不是该馆不重视中国器物，就是管理上存在很大的错误。

2. 收藏库的防火设备：防火设备，大体上来说是断火的隔墙与栅门，以及灭火的警告系统与喷洒系统。看上去很容易，可是藏品的防火与人员于火灾时的安全，其处理方法完全相反，才是建筑设计上的课题。对于藏品，由于无法自己移动，所以要隔绝，喷洒以解决之。人员则必须逃离现场才会安全，所以要有足够的逃生门。这两者是冲突的。收藏库中不可能没有人进出，如果失火时，人员无法及时得到警告，在有限的时间离开现场，一旦隔断，则必丧生库房。

所以，理想的方法是不使用足以致人命的灭火方式。毒气如两氧化碳都不宜使用，而且最好不用无法开启的断隔墙。一个重要的文物博物馆应该可以设计不会失火的库房，并以严格管理的方法，来断绝人为纵火的可能性。如果一定要用自动灭火器，还是用水比较安全。凡是怕水的收藏品，如字画等，要用防水的箱箧保存。贵重的文物收藏库，原则上不应该使用易燃甚至可燃的建材。

台湾自然科学博物馆中的万福宫

博物馆建筑的设计

11 博物馆建筑的分期建设

博物馆空间的扩展与增修

博物馆是永续的事业，在其初建时，不论为多宽敞的建筑，若干年后，必然有空间不敷使用的问题。博物馆事业的发展，有两种可能：一种可能为收藏量的不断增加，使库房与研究空间越发局促，这种情形在以研究单位为主的大型博

波士顿美术馆于 2010 年经英国建筑师霍朗明 (Norman Foster) 扩建的美国艺术厅 (Art of Americas Wing)

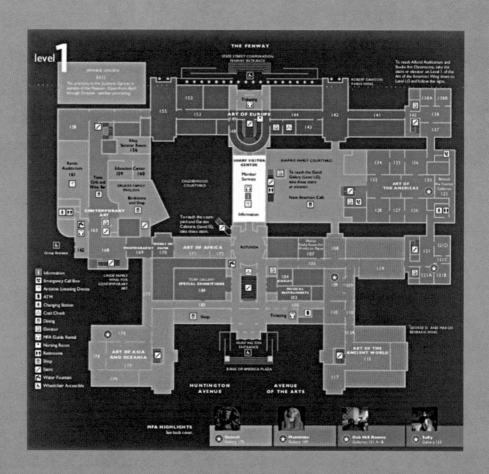

上 / 波士顿美术馆经多次分期扩建于 2010 年的规模

下 / 波士顿美术馆 1876 年的规模

千禧年扩建完成的大英博物馆

物馆中是常发生的事；另一种可能则是展示空间的扩展。现代社会对于展示的需求，不但要不时推陈出新，而且需要较宽大的空间，以便进行长于变化的展示设计，或直截了当地需要增加长期展示的空间。所以经营成功的博物馆，一定要增加展示厅。台湾自然科学博物馆开馆没多久，就感到特展厅不够大，不足以迎接大规模且吸引人的展示，因此，需要考虑以临时屋顶加于中庭之上，以备重要临展之用。

连带于收藏与展示空间的增加，其辅助空间也跟着要扩大。收藏空间加大，即意味着研究、登录、管理人员的增加，与更多空间的需要。展示空间增加，意味着观众人数增加，连带的行政空间、观众服务空间及公共空间也要等比例增加，甚至教育用的空间如讲堂等也有增加的必要。基于此一现象，几乎可以断言，一座成功的博物馆，在可见的未来会

伦敦自然历史博物馆 (©Valerie 75, Wikimedia Commons)

博物馆建筑的分期建设

有增建的必要。因此在建筑规划之初，就应该想到增建之可能，除非在政策上此博物馆的规模有上限，而政策设限在筹建时是必然的。

在外国，开办一所博物馆大多有经费不甚充裕的问题。因此，建筑之计划大多量力而为，以满足当时之需要为度，而且建馆时多半没有太大的野心。美国的博物馆多为私有，其情形尤其如此。即使是大型博物馆，其建筑的规模多以完成建筑古典造型为已足。这些博物馆始建时完全未想到以后扩建，因为那是后代的工作。美国国立博物馆虽然财力比较雄厚，但有时亦为私人捐助。因此，经费筹措仍有困难。英美的大型国立博物馆，建于十九世纪或二十世纪初者，虽规模相当恢宏，亦无法预期发展之迅速。大英博物馆的新馆建于十九世纪五十年代，但到八十年代就把自然史部分分出，另在南肯辛顿区建一几乎同等规模的新馆。

把扩建的问题留给后代去伤脑筋是正确的。因为一次建设一座过大的博物馆是浪费的，不能预期它是否能经营为一成功的博物馆。一旦成功，扩建的可能性有多种，其空间需求亦无法过度推计。所以兴建于战后的纽约小型美术馆：古根汉姆与惠特尼，均于近年提出增建计划，引起博物馆与建筑界甚多之讨论。前者是在同一基地的后方增建；后者则为取得邻地，增建几乎同等大小的建筑。古根汉姆更在欧洲多处筹设分馆。

台湾近年来兴建的博物馆，一度由于财政非常充裕，而教育经费在政策文件中明定占全部预算的百分之十五，因此在数年间有预算泛滥的现象。而在一九九○年前后，不论学

在原馆后方扩建的纽约古根汉姆美术馆

校或博物馆的计划规模都超过需要，与国外比较起来，建筑物面积过大甚多。由于基于年度预算，以执行完毕为宜，在那几年，政府要求迅速施工，早日完工者受奖。有三五年内完成一所大学的例子。由于此一时之现象，社教单位之计划大多以规模庞大、迅速完工为原则。此一原则恰恰十分符合中国传统的思维模式。我国建城，以先划定城之范围，确定城墙的位置，立刻建造城墙。几乎是先有城墙，后有住户。历代有迁各地大户至京师的行动，即使是兴盛的唐代，其长安城即使在高峰的开元年间，也没有用完城内的空间，清代北京的外城南部一直是农业区。因此中国好大喜功的官员心态就表现在各种建设上，他们宁愿先把硬体做好，日后再慢慢填充其内容。这就发生了各文化机构均成为文化建筑的情形，为文化界所讥讽。综之，分期发展大概可分为下列几种模式，兹分别以文字与图解说明之，供参考。

一、分馆式计划

　　这是过去的博物馆所采取的策略。那不是计划，而是非计划的计划，即计划时不去多想未来。这样的做法，可以在新的博物馆计划中，当作一种分期发展的方式来运用，自对未来的发展弹性来说，这个方法是值得称赏的。这种计划的特色，就是在某一时间建造馆舍时，只要按照此时的需要，设计一座功能完备，造型完整的博物馆就好了。至于未来的发展，则以细胞分裂的方式来解决。如同大英博物馆分裂出伦敦自然史博物馆，而自然史博物馆又分出地质博物馆等，当时都是没想到的。在现在的计划的过程中，可以事先想到发展的段落，分裂的单位，甚至筹建分馆的位置。当然，对于不可预测的未来，这些中、长期的发展计划，都可以改变。这种方式是很理想的，其优点有几点。

结合 1957 年旧馆与 2001 年新馆的密尔沃基美术馆 (Milwaukee Art Museum)

东京国立博物馆

1. 建筑可以有完整独立的造型，功能可以妥善地考虑。不但不必为未来担心而有所迁就，而且可以尽量发挥创造力，建造出引人注目甚至代表一个时代的馆舍。博物馆是一个地方的文化地标，这一点是很重要的。台北市立美术馆有设第二、第三馆的计划，证明这种方便。

2. 在日后增建时，以分馆的方式加建，可以表现时代的差异，使馆舍本身就有展示性。日本东京的国立博物馆，其主馆建造的年代较早，为古典学院派建筑。战后所增建的，以东西厢的方式，建为分馆，代表了现代主义及

博物馆建筑的分期建设

日本战后粗犷主义的风格，既不必破坏具有纪念价值的主馆，又能表现时代风格，是很自然的方法。

3. 可使日后的延伸在功能上完全得到配合。比如在战前，博物馆无法推想到二十世纪七十年代，其扩建计划是一全天域银幕剧场，为一完全与传统博物馆展示不同的单位。它事实上可以成为完全独立经营的单位。

它的缺点也是可以想象到的。

1. 行政上管理不便，人员与设备可能有叠床架屋的情形。最终可能只好成为独立的行政体系，而另设专馆。这种情

美国国家肖像画廊（©Wikimedia Commons）

形正是美国史密森尼学会的发展模式。该机构已经发展为二十几个单位，有很多是相类的。这样的发展，馆的数目会增加，但就失掉分期建设的本意了。

2. 建筑先后杂陈，可能并不相配。这虽然是见仁见智的问题，不相配确为事实。建筑师有希望表现独特风格的趋向，而时代风格的差异，又很难为一般人所接受。东京国立博物馆的情形，就有不同的反应。建筑界认为创新是天经地义的，但一般民众则希望与前期的建筑完全协调。

用图解表示如下：

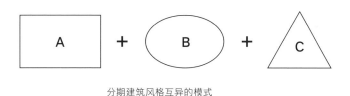

分期建筑风格互异的模式

二、附加式计划（Annex）

这是一般中、大型博物馆使用的方法。一般没有国家的资助，也没有强大捐赠户支持的博物馆，多半采用附加或外加一建筑物于主建筑之上，或旁边的做法。外国古老的博物馆时常使用这个办法来解决日增的空间压力，原亦不在计划之中。可是今天的规划者不妨把此种模式视为一种定式来构想新的博物馆建筑。此一计划的特色是增建时，原馆并不更动，基本的架构完全保存，只是其中的一部分功能延伸出去，在组织上并不做重大的改变。这是局部扩展计划，这种计划

附加式扩建的台北市立美术馆

最容易发生在研究单位过度发展的情形中。其增建相对的也比较容易。可在博物馆的某一侧，连通原有研究部门较方便的位置，建一楼房，不会破坏主馆的完整性。

也有扩增展示空间者。其实贝聿铭设计的美国国家艺术画廊东翼，即是附加式计划，所附加的是展示、服务与行政空间，只是贝聿铭之建筑个性很强，所加几乎为一分馆而已。但只要主馆及组织上不改变，即是附加物。只要博物馆的土地资源充裕，事实上这是一种最理想的分期扩建方式，几乎没有什么缺点。只要建筑师不要太过强求表现，博物馆的附加空间不要太大，压过原有的主馆建筑就可以了，可惜我们常见到后来者压制前期建筑的例子。附加式采取的方式，依当时情势而定，其一种可能之图解可如下图所示：

迈向缪斯

主馆

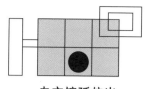

自主馆延伸出

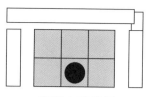

围绕主馆发展

三、填充式计划

这种方式也是自经验中学习得来的。在一些历史久远的博物馆中，常见到早期所建的馆舍比较松散。为了采光通风的方便，早期的建筑多为狭长的廊道，围绕着一个以上的中庭。到了战后，人工控制的环境盛行，而展示面积多有不足。

芝加哥科学与工业博物馆 (©zooey, Wikimedia Commons)

有些博物馆乃填满空隙，增加较广大的空间。今天为新设博物馆做长期规划时，上述方法也是值得参考的。此种计划的方式，其优点是，初期的空间比较小，当发展到后期，需要较大的展示或活动空间时，可利用中庭，来创造大型空间，颇合乎发展的逻辑。其缺点则为一旦把内部的户外空间填满，博物馆将容易出现迷宫式空间，这正是芝加哥科学与工业博物馆的问题。

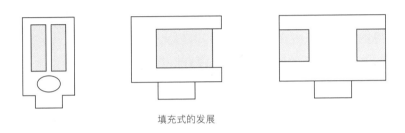

填充式的发展

四、线形连续计划

长期发展，反映在建筑的成长上，是很单纯的想法，但也是很有趣的想法。在过去，博物馆的空间大体上是一个向心的单体，各种功能联结在一起，像一个有机体。可是这种形体不利于成长，因为空间不会随着时间而膨胀。一只小猫会成长为大猫，建筑却是没有生命的，它的墙壁不会自动外

新石器时代良渚文化的琮

移。建筑师为了解决这个问题，就发明了线形成长法。这个办法实际是中国人先用的。

中国人自良渚时代就发明了一种器物，就是琮。这种器物外形为方，内有圆孔，其形可长可短。以节为单位，有一节者，有二、三节者，亦有长至十数节者。其特色是，不论为单节或多节，均有整体感。用在建筑上，可先有一中心建筑为首，然后其体侧以线形伸展，用一脊椎连接。理论上说，这种建筑可以无限延展下去，只是太长了，不符合空间效率，又增加管理的困难。对于这个问题，建筑家的解决办法是螺旋方式，即使线形卷曲。

线形连续式的发展

这种延伸是有限的。如果把上面反过来，以尾为头，以头为尾，就可以无限发展了。可是鉴于身体与首脑应有一定的比例，所谓无限是没有意义的。可是若有一既定的目标，在有限的空间内，设计分期建设的建筑，而仍能保持建筑的有机性，这不失为一良好的策略。对于简单的博物馆如低层的画廊，这种观念可略加改变，使其具有单元增加的性质。未来于发展时，可重复此一单元。此种观念可于发展中于功能间保持同样的比例。如展示为一长形的画廊，观众可自然延展其参观行为，无觉于单元的存在。这个观念虽然简单，却是值得认真研究的。台湾自然科学博物馆虽然未采用线形发展，但其一、二楼为展示厅，三楼为收藏研究的观念，与此非常接近。

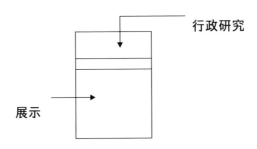

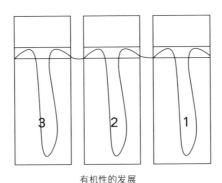

有机性的发展

高雄科学工业馆的长廊

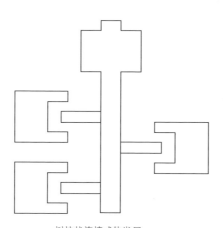

树枝状连接式的发展

　　同一观念也可发展为树枝状的廊道连接式。这是一种医院式成长系统，即用一宽廊连通广大区域，再依需要自此廊上分出，建造必要的空间。此种方式与高雄科工馆的组织相近，缺点是廊道太长，易招致博物馆疲劳。

12 博物馆建筑与展示

博物馆的展示是在馆内的建筑中进行，因此，展示受馆舍的影响是非常明显的。在过去，博物馆人员重视建筑远超过展示。因为过去的展示大多为文物的陈列，建筑的空间影响于展示者十分有限。相反的，展示是靠建筑的空间美来吸引观众的，何况文物的陈列是时常更换的，建筑的空间是相对永久的。所以，筹建博物馆基本上是造一栋令人欣羡的建筑。

十九世纪，欧洲开始建造以博物馆为用途的建筑，设计的构想却是自展示开始的。柏林的老博物馆是十九世纪初的建造物，外表是新古典的式样，内部的空间是绕着一个方庭的大型四合院，四周的房间则是连续的展示空间，像一串珠子一样，是典型的线形参观动线观念的产物。每一个房间都是一些高大的墙面，高高的天花，显示对展示品的尊重。自此后直到二十世纪初，欧美建造了不少新的博物馆，都是怀着展示动线与展示空间特色的观念设计的。所以自有博物馆建筑以来，展示与建筑就有很密切的关系，虽然重视建筑超过展示，建筑师的脑海里却没有忘记展示。

十九世纪以后的很多国家博物馆是宫殿改成的。帝王时代的宫殿，由于建筑外表富丽，建筑内部都高大宽敞，基本都是一连串房间的组织，所以是天生的博物馆。正因为如此，才使一般人认为博物馆不需要特殊的设计。可是，这种想法

由博览会场蜕变为美术馆的巴黎小皇宫　　　　　　　　　铁骨架嵌以玻璃是博物馆大厅的特色之一

到了"二战"以后，由于展示观念逐渐改变，博物馆的性质开始多样化，建筑与展示的关系开始有些模糊，有待进一步澄清了。

在十九世纪末期，博览会盛行之后，博物馆建筑就默默地进行了第一次的蜕变。世界博览会是一种大型的工业产品的展览，是经济与贸易走向的活动，因此吸引了大量的人群。很多人使用的建筑在造型上要有代表群众的气魄，其内部则需要很广大的空间，最典型的需要是一个高大广敞的门厅。十九世纪，新建筑尚没来临的时候，这个大厅就是水晶宫式的屋顶，铁骨的构件，嵌以玻璃，不是拱顶，就是穹隆。西洋建筑中，宗教建筑上使用的圆顶，就转化到博览会上，后

伦敦自然史博物馆（汉宝德提供）　　　　　伦敦自然史博物馆大厅

来就自然使用在博物馆上，博物馆遂成为新时代的教堂。而展示空间则围绕着这个公众厅，或自公众厅辐射出来。

　　博览会的观念转到博物馆建筑上的另一个特色是展示的内容开始反映到建筑，这一点并不普遍，因为建筑要怎么反映展示，是很不容易回答的问题，而且建筑师们未必同意这样的观点。但建于十九世纪末期的伦敦自然史博物馆，就尽一切可能使它成为自然的象征。该馆建于维多利亚时代，因此建筑的外观属于新中世纪的式样，建筑上的雕饰很多，完全以自然物为母题，以装饰表明建筑的用途，是古人习惯使用的办法，在此馆内外均可看到。中世纪式样不便使用圆顶，此馆进门后的大厅是用一般两面坡的屋顶做成，可放置大型

　　　　　　　　　　　　　　　　　　　　　　迈向缪斯

动物的标本，后来则陈列恐龙骨架。该馆最前面的一列展示厅，受了博览会的影响，并没有分成小间，而是进厅左右的高大长形展示空间，可以变通用途。近年来该馆建造了新的恐龙厅，就是在左边的长形展示厅中搭建的。这是弹性空间在博物馆建筑中的使用。自此之后，美国的博物馆开始有展示与建筑分开的观念，特别在自然科学博物馆之建筑上。以这样的观念构思建筑，只提供一个大的动线架构，至于展示的空间，就有待日后进行展示时再决定。当然，新时代的建筑材料，钢骨与水泥，使这种大空间无隔墙的方法成为可能。可是早年的建筑仍然受阳光、空气的影响。为了建筑物采光与通风的需要，早期的博物馆建筑无法脱离传统宫殿所习用的合院模式。所以一般的架构，总是在中央圆顶两侧发展成合院。在大型的博物馆中，甚至有数进合院，与卢浮宫一样。合院可以使房间都能对外开窗，得到阳光与空气。

巴黎卢浮宫的合院

美国国家艺术画廊的圆顶大厅

下面几个图解，可简单说明早期博物馆与展示动线架构的关系。图一为大厅是群众进口空间，然后有形成合院的展示空间自此大厅向左、右、后面伸展，动线均可绕回大厅。若有二层之展示，主要楼梯亦在大厅。服务设施通常也环绕在这个附近。这一类原型的变化都在大厅上，位置可以在前，亦可在建筑物之中间，如图二所示。大厅后退到建筑几何中心，此时大厅之功能比较具有纪念性，而不再是公众聚集之处，但仍然负有连接上层之功能。这个大厅并不一定是圆顶空间，圆顶是美国二十世纪初博物馆喜欢使用的，也可能是长方形厅，与建筑的外观有关，但是其共同特点就是动线的联结以大厅为中心。

图三是方厅代替圆形的情形。一般说来，如为方厅，其展示的功能较高。仍可能用为主要的大型标本展示厅，方便之处是可同时作为服务观众的集中处。

近年来，这些中庭式的展示空间逐渐因空气调节时代的来临而改变，中庭被填满使用的情形非常多，尤其是多层中庭的博物馆，部分中庭加顶后改为大型展示场，或公共服

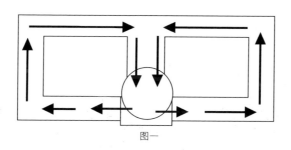

图一

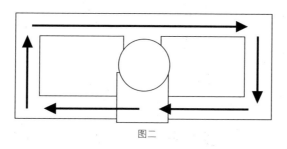

图二

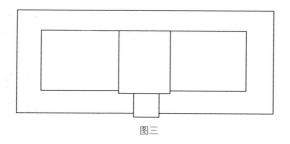

图三

务空间非常普遍，因此使得旧式的大型博物馆之动线不再清晰，很容易在其中迷失，最令人熟悉的例子就是芝加哥的科学与工业博物馆。

图四是在解决了空间问题之后的展示动线，芝加哥的菲尔德自然史博物馆的组织大要，中央为长方形的大厅，左右

巴黎卢浮宫北侧合院加顶成为雕塑苑

迈向缪斯

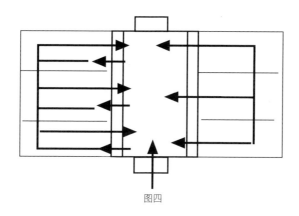

图四

各为两层的展示空间，分成几个长条，动线非常清爽。自此之后，中庭式的建筑就被放弃，新式的博物馆就出现了。而现代的博物馆建筑千变万化，争奇斗艳，甚至不再考虑展示，因而产生了建筑与展示之间的协调问题，也引起了建筑与展示孰先的问题。

建筑与展示间的矛盾

目前的困局实在是因为建筑与展示都已解除了早年的法则，可以自由发挥，而两方面都希望对方采取配合的姿态，由己方做主。主张以建筑为主的人，认为博物馆就是建筑，建筑使博物馆永恒，展示永远是临时的，常变的。因此建筑是主体，展示是客体。凡是主张建筑为主体的人，都认为建筑应有动人的造型，如加拿大首府的文明博物馆，就是以建筑为主的博物馆。

反过来说，展示设计家认为展示才是博物馆存在的意义，没有展示，等于没有内容，建筑不过是一个空壳子，并没有存在的价值。因此筹建一座新馆，应该以展示为主导，有了内容再为这些内容设计壳子，才是正道。相信展示为主体的人，不认为建筑那么重要，其造型应该是次要的。

建筑表现的自由与展示设计的自由当然以互相配合最为理想。但是整体说来，新的发展是以建筑为主的观念占先。这是因为建筑体虽然不是博物馆的内容，却是博物馆与外界接触的焦点，要满足多方面的需要，包括政治的需要在内。大部分的情形是建筑师主导了展示的空间，展示家必须事后修改或变更展示的方式以适应已有的空间，否则就要改变建筑的局部。建筑师通常对展示有看法（但多半外行），不肯听取展示家的意见。由于建筑在先，而且比较瞩目，建筑师的影响力大过展示家甚多，所以通常的情形，是展示设计师迁就建筑的空间。

台湾自然科学博物馆的生命科学厅是英国人葛登纳先生所设计，他在计划的初期即受聘为设计师，所以其展示构想是先建筑而存在的。在他初步规划的阶段，合约的内容之一是建议建筑空间的模式。因此他做了一个简单的模型，表示各部分展示联结的关系，也暗示了建筑的造型及内部的动线。我们邀几位建筑师比图，把葛登纳的展示空间模型当作条件。由于该馆在当时已经完成了第一期的建筑，建筑师的思考就不只是展示的空间需要，应该考虑到整体的造型，与户外空间的使用。几位建筑师都是台湾甚闻名的人物，所以大多不太理会设计师的展示构想，而提出自己的一套构想，甚至自己发展出独有的博物馆哲学。由于我们已聘请了设计师，所以我们所取的胜利者仍然是第一期建筑的建筑师。因为只有他们知道要与第一期配合，要适度地尊重展示家的意

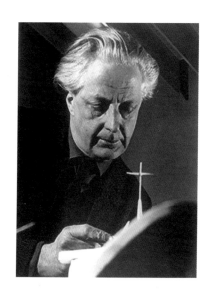

台湾自然科学博物馆生命科学厅展示设计师英国人葛登纳先生

见。其结果我们很满意，一方面，第二期建筑达到展示上的目的；另一方面也能在整体环境上有良好的协调。自建筑造型与户内空间看，都是很理想的。这是展示空间构想到建筑设计，再到展示空间的三部曲的故事。

先有展示空间构想是否真有需要呢？这是有必要的。欧美传统的博物馆虽然由建筑师指导，却是一种线形参观动线的产物，这是标准的西方机械主义的思维模式。到了第二次世界大战以后，西方人思变，却也没有出现新的典型想法，所以博物馆建筑才不再有典型，建筑师才真正主导一切。像贝聿铭所设计的国家画廊的东馆，有人认为是百货公司式的博物馆，也许百货公司是新时代的典型吧！

台湾新建的美术馆，台北市美术馆与台湾美术馆，都有百货公司的心态。其特点是并不尊重美术品，而是以建筑空间为主。同时，建筑空间的变化造成动线的混乱，观众很容易失掉方向，只有随便走，随便看。在这方面，高雄市立美术馆要好得多。自然科学博物馆在规划的时候，决定了主题的观念，也就是不以自然物分类陈列，用主题作跨越各门类的展示。如"数与形"把自然界的多种形态与数学的关系作为主题。主题的观念是各个独立的展示，互相不必连贯的意思。在建筑上是圆形的组织形态，与传统西方的线形观念完全相反。

高雄市立美术馆

迈向缪斯

台湾自然科学博物馆"数与形"的主题展示　　　　　　台湾自然科学博物馆"农业生态"的主题展示

　　在生命科学厅设计的初期，因为葛登纳的参与而发生了变化。顾问委员会对演化论的部分定下了三个主题，那就是"生命的起源""恐龙的世界"与"人类的演化"，对于一般动植物的演化并没有着墨。葛登纳先生认为展示的连续感非常重要，认为在各展示间没有连贯，就不称其为博物馆了，这是典型的西方人的想法。我与他争辩这个观点，认为以现代观众的行为而言，参观博物馆并不是有系统的，从头到尾的，而是随兴所至，视哪一展示吸引注意力，来决定参观的对象。我们坚持不下，后来我用一个比喻来说明：长篇与短篇小说的分别。长篇小说是一个连续的故事，必须花费很长的时间，很用心专注去读，但现代人很少有时间去读。短篇小说则是一些简短的故事，是一些事件的描述，不需要太长的时间去阅读，适合于现代生活，每一篇都是独立的个体，可以一次读多篇，也可以一次读一篇，而无所遗憾。

葛登纳了解我的意思，最后达到一个结论，即兼有长篇与短篇小说之长。我们因此调整了第二期八个主题的内容，剔除了原先决定的"中国医药"，换上"粮食与人口"，乃把第二期的总主题定为"自然演化与自然现象"，而以生命科学为名。葛登纳仍坚持演化部分应该是连续的，因为演化的故事是一个长篇。其结果就是把有关演化的三个主题拉长，加上"粮食与人口"，形成长篇的演化故事，但是使用进出口，使这个长篇可以分段参观。其余的主题则完全采用短篇的方式。

到了第三期的时候，日本的设计师没有主见，我们就完全回到东方主题式的组织观念。第三期由六个中国主题组成，空间的组织要达到纲领清晰，主题显明的目标。那就是上文中的圆形组织图，这是花瓣的观念。观众自柄部进入花心，可以自己选择要进入哪一个花瓣。有足够的时间与兴趣，可以连续看完一些花瓣，也可以只看一个花瓣。六个主题分为二层，由中间的水运仪象台联结起来。以上是以实例说明，新建的博物馆建筑，还是有一个明确的展示观念作为指导比

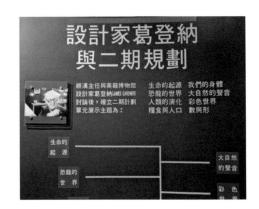

台湾自然科学博物馆展示着
葛登纳的展示规划构想

高雄科学工业博物馆展示之一　　高雄科学工业博物馆展示之二

较会产生理想的效果。很可惜大部分的主持人并没有把展示放在重要地位，只求在建筑上有所表现。

　　高雄科学工业博物馆的建筑是根据一个研究报告设计的。科工馆的模式，也是采用主题馆的观念，因为研究者方便，报告书上是用三十米见方为单元的。这样一个没有理论根据的结论，就被建筑师直接套用。由于在设计阶段没有一位敏感的设计师为顾问，因此没有展示行为的观念。建筑师把这些方形的展示单元用一条线连接起来，形成一个纵深的空间，失掉了营造博物馆气氛的机会，最重要的是主题单元应有的圆形组织，改变为线形联结，拉长动线，又无组合，极易造成观众的疲劳。

建筑决定展示空间，展示设计创造效果

　　基于以上的认识，展示规划工作者要了解，所使用的空

间大多是由建筑决定的空间。好在现代社会中,展示是一种传播的方式,博物馆的主持人通常很乐于配合展示的需要来弥补建筑空间的缺失。

建筑与其他艺术间的矛盾很早就产生了。文艺复兴时代的大师,米开朗琪罗兼有雕刻、绘画与建筑的专家身份,所以其艺术品与建筑配合得很好。但达文西并没有建筑的实务经验,所以为了展示他的画常需要把窗子堵起来。在今天,为了展示,堵塞门窗是很平常的事了。

伦敦自然史博物馆恐龙厅

展示设计工作者必须有能力使用多种形态的建筑空间，而能根据空间的性质，设计出有特色的展示，一个第一流的设计师，会利用建筑空间的特质。如果博物馆建筑的空间是正式的，对称的，墙上有很多雕琢等，近乎纪念馆的气氛，设计家当然有权把这种性质完全改变，利用板壁把原有的特色遮掉。但是为能保留空间的特色，仍能有出色的展示，是最佳的选择。

前文中我们提到伦敦自然史博物馆的前厅，是很大的空间，建筑很精美，柱子上刻了自然物的深雕，是很重要的特色。在过去，用传统的橱框展示，这些建筑细部的美感都是展示厅的重要资源。但是传统展示没有多少人有兴趣，观众甚为有限。自从撒切尔夫人执政以后，删除文化经费，希望博物馆能逐渐自足。因此，大部分的国立博物馆都开始收门票。收门票的展示必须是有吸引力的展示，因此，他们重新设计了前厅为恐龙厅。这展示厅是很高大的，做恐龙厅使用很恰当，可是布置一个有吸引力的展示，一般人非把原来的建筑面貌覆盖不可。这位设计师看准了这两大特色决定用钢架为主要展示构材，建造了两层的结构，使观众走到上层，可以看到大骨架的上部。钢架的另一个好处是可以独立，不必依赖柱子与墙壁，因此不会破坏原有的建筑，不但上层的观众可以更便于观赏到建筑的细节，而且柱子上的刻饰都可以展示出来。这个展示设计是善于利用建筑空间的例子。

建筑决定展示空间，展示设计要在既定的空间中创造出人意表的展示效果，完全靠想象力。对于有想象力的人，任何古怪的空间都可以有高超的演出。相反的，一个方正无缺的空间，反而缺乏足以提供促发想象力的机会。越是有天赋的设计家，越有克服空间障碍的兴奋。所以，空间不应该成为展示家的严重挑战。建筑对展示影响较大者为其位置的选择，展示场所的大小、形状、高低都不太重要，重要的是它处于博物馆的哪一个位置。因为展示的目的是吸引观众参观，如果所处的位置很偏远，没有或很少观众来，则展示的意义就失掉了。这一点，展示与零售商业很相像。一间小店要成功，最重要的是选一个人气旺的地点。在闹市的大街上，即使一坪大的摊位也可以致富。在行人稀少的地点，再好的陈设也乏人问津。

与零售商业相同，越是规模小的展示越需要在闹区。如果没有机会在闹区，则规模要大，这与物理学上的重力律相似。展示的规模与闹市间距离的平方成正比，在完全没有人群的荒野空地上建展示馆并无不可，但要具有足以

台湾自然科学博物馆生命科学厅
挑空至地下层的连通空间

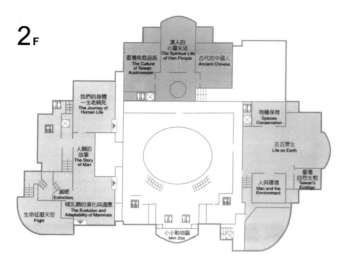

2F

漢人的
心靈生活
The Spiritual Life
of Han People

古代的中國人
Ancient Chinese

臺灣南島語族
The Culture
of Taiwan
Austronesian

我們的身體
一生老病死
The Journey of
Human Life

物種保育
Species
Conservation

人類的
故事
The Story
of Man

芸芸眾生
Life on Earth

臺灣
自然生態
Taiwan's
Ecology

滅絕
Extinction

哺乳類的演化與適應
The Evolution and
Adaptability of Mammals

人與環境
Men and the
Environment

生命征服天空
Flight

小小動物園
Mini Zoo

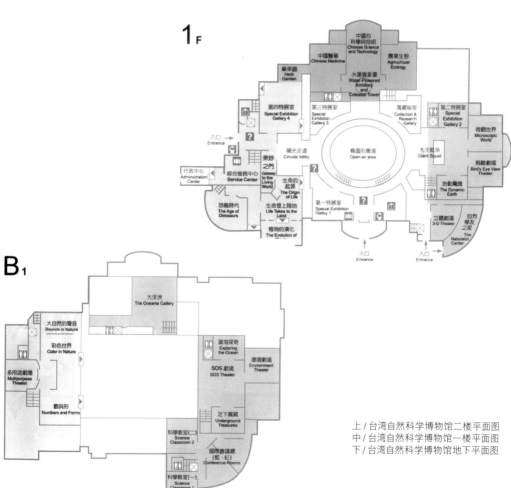

1F

中國的
科學與技術
Chinese Science
and Technology

農業生態
Agricultural
Ecology

中國醫藥
Chinese Medicine

水運儀象臺
Water-Powered
Armillary
and
Celestial Tower

藥草園
Herb
Garden

第四特展室
Special Exhibition
Gallery 4

第三特展室
Special
Exhibition
Gallery 3

蒐藏秘室
Collection &
Research
Gallery

第二特展室
Special
Exhibition
Gallery 2

微觀世界
Microscopic
World

入口→
Entrance

陽光走道
Circular lobby

暢圓形廣場
Open-air area

大王魷魚
Giant Squid

鳥瞰劇場
Bird's Eye View
Theater

行政中心
Administration
Center

綜合服務中心
Service Center

眾妙
之門
Gateway
to the
Living
World

地動驚魂
The Dynamic
Earth

恐龍時代
The Age of
Dinosaurs

生命的
起源
The Origin
of Life

生命登上陸地
Life Takes to the
Land

第一特展室
Special Exhibition
Gallery 1

立體劇場
3-D Theater

自然
學友
之家
The
Naturalist
Center

植物的演化
The Evolution of
Plant

入口
Entrance

入口
Entrance

B1

大洋洲
The Oceania Gallery

大自然的聲音
Sounds in Nature

彩色世界
Color in Nature

瀛海探奇
Exploring
the Ocean

環境劇場
Environment
Theater

多用途劇場
Multipurpose
Theater

SOS 劇場
SOS Theater

數與形
Numbers and Forms

定下寶藏
Underground
Treasures

科學教室(二)
Science
Classroom 2

國際會議廳
(藍、紅)
Conference Rooms

科學教室(一)
Science
Classroom 1

上 / 台湾自然科学博物馆二楼平面图
中 / 台湾自然科学博物馆一楼平面图
下 / 台湾自然科学博物馆地下平面图

吸引人专程来此的规模，这就是万客隆或美式购物中心设置成功的原因。对于整个博物馆而言，自然以市区为适当地点，如一定要建在郊区，则需良好的交通与庞大的规模。同理，在博物馆内的展示单位，亦必须选择主要动线上的空间。宁取主动线上的小展示室，不要在偏离动线之外的较大展示室。宁取地面较小的适当空间，不要在地下室寻觅较方正的大空间。

台湾自然博物馆的第三、四期建筑，在施工期间，只为主要展示空间的设计忙碌，忘记注意在大椭圆广场四周空间的用途。有一天我忽然发现广场四周的空间都是准备供科教组使用的准备室、储藏室等，设计师的原意是把这些零碎空间作为服务空间，可以强化主体展示空间的戏剧性。这等于把商业街的展示店铺做仓库，是很不经济的用法，我立刻把空间用途调整。因内部空间尚未施工，就把三个角改为特展场，一角扩充为一大型卖店。开馆后，这里成为各种特展的主要活动区域，"认识古玉展"就是在那个最繁忙的角落，最小的展示室中进行的。由于地点好，在此期间凡进科学博物馆中国科学厅展场的观众，几乎无人不进到古玉展场中。

相反的，生命科学厅的地下室有三个制作非常精美，设计水准很高的主题展示，即使在观众相当拥挤的暑假期间，也没有多少观众喜欢去楼下参观。有了生命科学厅这样的经验，我在第四期地球科学厅的地面开了一个大洞，使地下层的展示空间容易受到观众的注意。这当然改善了一些，但是整体来说，地下层是观众最后要去的地方。外国重要的博物馆多半使用地面层，第二层与地下层，其原因为观众动线之方便。他们的建筑大多要上半层的楼梯，才到大门口，所以地下层只有半层。可是第二层总比地下层有利，主要因为主楼梯是直通二层，自然引领观众上楼。在楼梯附近的二层，其展示效果超过较远的地面层。如果建筑的设计有主要楼梯直达地下室，相信地下层同样可以有二层一样的展示价值。所以关键之所在仍然是看观众走到哪里。以上的例子可以看卢浮宫的楼梯、纽约大都会艺术博物馆的主要楼梯与波士顿美术馆的主楼梯。

新潮博物馆的建筑

现代新潮的建筑展示空间，一般说来，未经过时间的考验，其成效尚待观察。新潮空间的重要特色是开放，即不要封闭的展示区，不要为展示设定的空间。这是很重要的改变。在过去，不论如何展示，每一展示区总希望有一独立的风貌，与其他展示区分开。因此区与区之间总有一个壁面隔开，而每一展示都是封闭的实体。自一处运动到另一处，即自一种展示氛围移动到另一种展示氛围，互相间避免产生不良影响，虽然也会考虑过渡空间。可是开放式的展示则有意地把封闭的壁体除掉，把展示暴露出来，使展示与展示间，人群与展示间产生互动。这类展示的风格可以在法国的现代展示中看到。

最有趣的例子是法国的科学城博物馆，这个馆大得可怕，其建筑的内部是连通在一起的几十万平方米的空间，每个展示占据一角，没有隔断的墙壁，因此展示物都没有背景，都是独立在空间中的个体，也没有明显的动线关系。每个展示区将像一个树丛，要靠此一展示区中的展示物的造型来表示出特色，以与其他邻近的展示分开。

巴黎科学城博物馆

　　同类的美术馆是蓬皮杜国家艺术文化中心，美术或文物的展示几乎都在视觉上连为一体，也是在庞大的空间中各占一角的性质。这是一种动态的展示观念，几乎不可能在参观某一展示时不受其他展示或群众的影响。这类新潮的展示，至少对我并没有留下很深刻的印象。因为太多空间的穿透，太多事件的相互影响，使人很难专心观赏。同类性质的空间，但比较保守的是奥赛博物馆。这座由铁路车站改建的博物馆在空间的互相穿透上与以上两例相近，但展示的内容是传统的绘画，而且仍有壁面作为绘画依靠的背景。这种新式的展示观，实际上是回到十九世纪的博览会的空间观。博览会是一个大空间，群众进到这个令人感到兴奋的大空间中，先为空间之规模所感动，再去观赏陈列在各处的商品。在十九世纪，中国的手工艺产品与古物是这样进入欧洲市场的。法国的新式展示，前面所举的三个例子是如此，最近完成的自然史馆的大展示厅也是如此。这座大展示厅就是在二十世纪末建造的，博览会式的钢骨建筑，因老旧与开馆时的大型标本一起尘封多年，近年来复古风盛，才再投入巨资改建，重新设计其展示。法国人不采取美国式的生态造景观，却是以雕刻与舞台的艺术观来设计大型动物的标本群，予人耳目一新的感觉。整体说来，法国的新展示是走向展示造型艺术化的方向，把展示品当艺术品处理，而不是空间与生态的产物，比较不在意展示内容是否为观众所激赏，注重的是展示的形式。

巴黎蓬皮杜国家艺术文化中心开放的展示之一

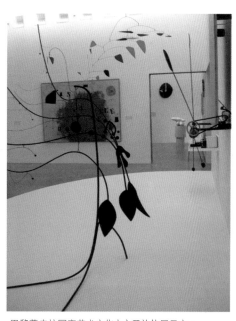

巴黎蓬皮杜国家艺术文化中心开放的展示之二

鹿港民俗文物館

另一种新潮式的展示是所谓生态博物馆展示，这是与艺术化展示极端相对的。

　　在理论上，生态博物馆的展示为自各地采集的标本，加以分类整理陈列出来，不论后来展示的方式如何进步，这些展品事实上已经失掉原有的生命，因它已离开原有的生态环境。即使是在生态环境造景的展示中，所恢复的生态也十分有限。所以最理想的情形，是把展示品留在原处，也就是在原有的建筑与环境之中，让它呈现原有的意义。这样的博物馆显然是没有馆的博物馆，展示是生命自然地流露。这种观念可以这样说明：这个世界就是一个大博物馆，当你愿意做一个认真、细心的观众的时候，无处不是展示，实在没有收藏的必要，因为收藏就是强取豪夺，把原物自其原处拿走，让它失去原有的生命，变为都市中产阶级的玩物。这是事实，但也是梦想，在博物馆理论中可以聊备一格。今天是一个都市中产阶级所主导的社会，他们没有时间到全世界各地去看原住民的衣服。如果有一个场所，收集起各地原住民的衣服，他会花一个上午的时间参观。

　　可是，对于有兴趣的物品相当集中的地区，确实可以划定地点加以串联，成为一种生动的博物馆。如鹿港地方的古迹与他们的手工艺，可以串联为一个生态博物馆，只是台湾的生活水准尚不足以使民众充分配合而已。生态博物馆的建筑相关性高，因为它是以古建筑的生命为主体的。在这里，基本上不需要展示。如果做不到百分之百的生态化，生态展示的理想可以打折扣，比如在一社区中，一栋博物馆化的古建筑，一切器物均依原有的情形布置，只是没有人在使用。在一个市镇如鹿港，可以很容易找到各类住宅及庙宇，予以博物馆化，连成一座生态博物馆，而不必设立市立博物馆。很显然，生态博物馆，即无展示的博物馆，是不需要特殊的展示设计的，它的观众就是观光客，因此并没有特别吸引观众的必要，在特质上是一种观光文化的产物，与一般所了解的博物馆是有出入的。

生态博物馆是另一类博物馆，并不是博物馆的未来。博物馆会随着时代的需要而改变展示的内容，但今天我们所知道的博物馆不断地发展下去，不断地扩大范围，不断地改变展示的方法，绝不会被生态式博物馆所取代。

鹿港丁家古厝的生态展示

鹿港民居元昌行

迈向缪斯

我们看到这两种新潮的展示构想，是走极端的。开放性的展示乃宣示展示艺术的独立性，生态式的展示则宣示无展示的展示，其最大的共同问题即不容易达到展示的目的。展示是一种艺术，也是一种科学，其目的在于使观众愉快、轻松地接受展示品所表达的意义。只有在封闭的、集中的现有博物馆体系下，这一目的才能达到。博物馆是现代社会的产物，它为适应现代生活而存在，一切新的展示理论，新的展示方法，都要契合此一基本条件。目前所见的新潮展示方法尚有检讨的必要。然而，很有趣的是新潮的展示方法是与建筑分不开的，它们都是以建筑为主的展示方法。可见建筑与展示的关系在未来会越来越密切，终于可以结合为一体，这就是学习展示设计者不能不了解博物馆建筑的缘故。

台湾自然科学博物馆植物园中的温室馆

13 展示设计的艺术

—

  展示设计是一种艺术，是毋庸置疑的，这可以自两方面来说明。第一，设计的过程是一种创造的过程，因为一个展示要发挥的功能，必须通过展示的手法来实现，所以展示设计是空间艺术创作，与建筑等没有基本的差别。所以，展示的美学与建筑的美学是可以互通的。第二，展示要达到的功能也许是传达所展示的内容，但是以公共展示的教育性而言，美感是其固有的本质。展示的美感不只是为吸引观众，而且是以美来感染观众。因此，美是一个成功的展示所必然具备的条件。

台湾自然科学博物馆户外庭园展示——风车

台湾自然科学博物馆户外庭园展示——生命演化史步道

迈向缪斯

台湾自然科学博物馆户外庭园展示——洛书

台湾自然科学博物馆户外庭园展示——北美红鹿

台湾自然科学博物馆户外庭园展示——五角龙与暴龙

台湾自然科学博物馆户外庭园展示——不规则中的规则

展示艺术与建筑艺术的分野

在设计的过程中，展示与建筑的关系，当然以室内建筑为最近，这就是早期的展示大多由室内设计师承担的原因。但为了明晰，仍然用比较的方式，分析其间的异同。展示的空间特质有以下几点。

1. 为在既有之空间中安排，多已有外缘之限制。
2. 外缘之内并无任何限制条件，故具有充分之自由度。

3. 动线为空间组成之重要考虑因素。

4. 适于与自然完全隔绝。

5. 没有明确的造型。

以上五点，可简称为限制、自由、动线、隔绝、无形。展示的空间大多受到既有空间之限制。也就是说，展示设计师受托的空间多是建筑师已设计完成，或已建筑完成之空间。展示设计师不可能改变这种情形。过去的经验中，展示设计家时有希望影响建筑空间的行动，但多半不成功。英国已故的葛登纳先生曾为新加坡规划科学馆，希望以展示的精神来设计建筑，意见未被采纳，颇引以为憾（葛先生面告）。他为台中自然科学博物馆计划展示空间规划时，亦定了建筑的组构，但其意见仅供参考，建筑师大多未予采纳，最后被接受之建筑设计，比较上采纳了葛氏的精神，已经算是很少有的情形了。

台北商业场地的展示

　　　　　　　　　　　　　　　　　　　　　　　　　　迈向缪斯

尊重原有空间的展示

这是因为建筑的寿命常较展示的寿命更久的缘故。自
十九世纪以来，先进国家时常举办世界性展览。起初，建筑
与展示是同时存在，有时也是同时被拆除的。直到今日，世
界博览会的展示与建筑虽然花费极为庞大，也常常是在展示
闭幕后即拆除的。可是，在博览会之外的各种展览，包括商
展在内，大多为永久性建筑，展示则不断地更换。在某些特
殊情形下，如台湾台北市的商展场地，展示租用时间常常只
有几天或一周，这是因为场地少，租金贵的缘故。至于商展
之外的展示，特别是博物馆的展示，展出的时间会很长，但
总是在固定的建筑空间中展出。因此，博物馆的展示空间必
然是先展示而存在的。虽然有些特别重要的展示也会改变建
筑的局部，如移动部分墙壁，但基本上是以既定的空间为范
围的。

舞台设计般的展示

展示艺术在空间上虽然有了固定的限制，但在精神上是自由的，它的自由度远超过建筑。展示设计在既定的建筑空间之内，没有任何限制条件，有之，就是展示功能方面的考虑。展示设计家可以利用已有的墙壁、天花与地板，也可以完全不用，在内部重起炉灶，建造一个内层的环境。有时候，为了展示效果，这几乎是必要的。反过来说，也可以完全尊重原有的空间，略加修整，予以充分利用。这些均可供设计家自由发挥，没有丝毫包袱。展示设计和舞台设计的性质是很相近的，在既定的空间内，可以放纵想象力，可以创造虚幻的境界，这是建筑艺术很难望其项背的。它真正限制的是设计家的想象力与经费来源。尤其是后者，几乎决定了展示的自由度。

展示的短暂性，使得它不需要永久性的材料，因此施工亦甚简便。这是互相影响的条件，使得展示可以用比较少的经费，发挥想象力，完成比较动人的效果。昙花一现，可以说是展示设计的精神。以上所谈到的限制与自由两种性质，与室内设计、建筑的相关性如何呢？以室内设计来比较，室内通常也受到同样的限制。所谓室内（ Interior ），在本质上已经限定为建筑内部空间了，是没有什么可以讨论的。但是展示设计与室内设计的差别处，正是在自由条件上。换句话说，展示设计在先天上较室内设计自由。室内设计与建筑的关系已经扑朔迷离，很难厘清，但在本质上，室内设计是建筑的一支，因此受建筑原则的支配。凡是太有原则的，就没有多少自由，尤其是现代建筑的理论吸收了太多道德观念在内。在过去，室内与建筑是同一个行业，因此室内是由建筑师完成的。在十八世纪以后的欧洲宫廷建筑，室内是建筑师重要的工作。当时没有设计的观念，所以室内设计就是室内装饰，今人称为室内装修，是为房间化妆的意思。顾名思义，即知它不会改变房间，只会在表面的材料与花样上踵事增华。由于家具与天花、墙壁、地面上的装饰是一体的，所以室内设计师很自然地承袭了选择家具与窗帘等工作。也是基于此一方向，室内装潢有时不能不包括墙面，甚至天花上的绘画，乃至家具上的陈设物，而与展示有所牵连。

最近若干年来，室内设计渐独立为一行业。由于许多建筑师投入室内设计的行业，因此使室内设计逐渐突破装饰者的身份，而以空间改造者的面目出现。他们是建筑师，因此对他人设计的建筑就有不同的意见。室内设计成为把他们的空间构想插枝在他人建筑上的一个机会。所以，今天的室内设计师总是尽其可能改变原有建筑的空间特质，变成他自己的东西。因此对原建筑的一切，除之务尽。因此，今天的建筑与室内设计几乎成为敌人了。对现代建筑师来说，这是一种侮辱现代建筑主张直率的表现，他们认为室内应该就是建筑物呈现出来的样子，是水泥的就应该是水泥，是红砖的就应该是红砖，率真的材料与认真的施工，就是最好的装修。所以，现代建筑师理想的室内就是家徒四壁，有时候多一点东西都是累赘。在这种情形下，室内与展示的关系，就是把家具当成雕刻品来看。法国著名建筑师柯布西耶的素描中，把家具与人物都画成雕塑，就是这个道理。

前文说到室内设计与建筑之对立，似乎室内设计在挣脱建筑的束缚，争取更多的自由，这是确实的。但是，争取自由的设计师并不是在争取心灵的解放，而是争取自己的表现空间，而他自己仍然不能脱离建筑原则的束缚。也就是说，他在甲派建筑中，插进乙派建筑的风格，并不是把建筑的

达拉斯艺术博物馆的展示　　　　　　达拉斯艺术博物馆受限于建筑的展示

原则完全推翻。所以，整个看来，他的自由仍是有限度的。不论是哪一派的建筑师，他们在先天上必须受限于建筑的功能。如何处理功能上的要求，是他们在工作中最基本的任务，这一点他们是视为天职的。也是基于这一点，他们自视高人一等，而并不看得起完全以装潢为目的的设计师。不但如此，受现代教育的建筑师，常常视结构力学为重要的原则，因此对于柱梁等是相当尊重的。这是他们在精神上所受的合理主义的限制，对展示设计家来说，是毫不存在的。这也解释了展示设计上"自由"所代表的意义。真正的展示设计家，不论他是否有建筑的背景，都应该发挥这种自由，使设计脱开建筑的限制。当然，建筑对设计的影响太大了，要争得心灵的自由是很不容易的。

在二十世纪的二十年代，欧洲有两位大建筑师对展示设计有决定性的影响。一位就是包豪斯的创始人格罗皮乌斯先生（Walter Gropius）。他的思想经由后来他任教的哈佛大学，传播到全世界。另一位是包豪斯最后一位校长，凡德罗先生（Mies van der Rohe），他的观念经由后来任教的伊州理工学院，传播到全世界。他们两代表了不同的展示观。格氏所倡导的包豪斯的展示观主导了现代的展示设计，可以说是主流的展示理论，由于格氏以工业化社会为基本立论，在后来的工商社会中比较容易被接受。展示设计与一切设计相同，多多少少都是在包豪斯的影响下发展出来的，其中很重要的观念就是动线。

在展示设计中，人的因素也就是使用者的需要，主要是循序渐进的运动（movement）。前来展示场的人，没有很复杂的活动，他们来此的目的就是参观，他们的动作就是

环一室之壁的展示

得克萨斯州福和市现代美术馆（The Modern Art Museum of Fort Worth）的展示

迈向缪斯

封闭的展示空间是博
物馆空间的特色之一

停、看、前进。在若干时间后，常常是数分钟到数十分钟之
间，他们就离开展场，再也不回来了。所以使观众自然而顺
畅的前进，在希望容纳很多观众的展示设计中，几乎是最重
要的条件。怎么在设计中达到这个目的呢？就是重视动线的
安排，因此，展示设计中最重要的空间组织的要件就是动线
了！动线在建筑设计上也是很重要的因素。在现代建筑流行
的时候，动线常被视为满足机能的重要条件。但是动线在建
筑上没有绝对的重要性，因为建筑中的使用人，走动并不是
最重要的活动。即使在展示中，如果是美术性的展示，不会
吸引大量的人群，而参观者的活动不一定只是前进时，动线
也不见得重要。如传统美术馆中的展示多环一室之壁展出，
就是不考虑动线的例子。

　　展示之异于建筑的第四个条件是隔绝，也就是与自然几
乎完全隔绝。建筑艺术是暴露在光线下的造型，无法脱离自
然环境。即使是建筑的室内，光线也具有十分的重要性。因

展示设计的艺术

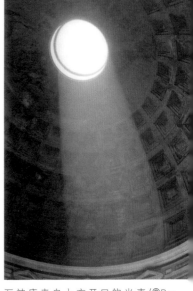

万神庙

万神庙来自上方开口的光束(©Per Palmkvist Knudsen, Wikimedia Commons)

此如何把光线引进室内，是建筑师的重要课题。对建筑家来说，自然光有一种神圣的本质，如果没有自然光，一切造型就失掉了意义，这就是近年来建筑界大量使用玻璃屋罩的原因。卢浮宫这样一座重要的古建筑，也在广场上开个大洞，加上玻璃屋顶。奥赛博物馆采用原来即为玻璃屋顶的建筑，重修时加强了自然光的效果。可是，虽有这些国际级的例子，展示设计在基本精神上是不适合使用自然光线的。

自然光线虽然生动，却不易控制。对于需要稳定的光线来控制气氛的展示来说，自然光效果是负面的。因此，展示设计家通常把有自然光的空间作为展示间隙的休憩活动之用，否则就只好全部封闭，把自然光排除。对于艺术品或文物，自然光是有杀伤力的。尤其是古代的书画，阳光是可怕的杀手，因此完全排除自然光，也就是排除紫外线。与自然隔绝的展示，是完全可以了解，可以接受的。

迈向缪斯

展示之异于建筑的第五点是无形。展示在基本上是一种空间艺术，因为没有外缘的硬壳，因此是没有造形可言的。室内的空间塑造，是空间割切的艺术，与塑造形体的建筑艺术完全不同。上文说到展示艺术与自然光线是隔绝的，这一点说明了展示艺术完全与建筑绝缘。在建筑艺术中，自然光线的力量太强大了，因此自古以来，建筑家就把自然光引到建筑内部，使室内亦有可塑体的艺术出现，这就是古罗马万神庙建筑的出现。万神庙在圆形空间的上方开了一个小口，就塑造了动人的建筑虚体。自此而后，室内建筑亦可以有强有力的造型了。在十九世纪所建的博物馆建筑中，建筑师很明白光线与造型的奇妙关系，所以时常引进光线，使建筑在

间接地引进自然光的得克萨斯州福和市金贝尔美术馆

展示中居于主导地位。建筑的母体，为古典的柱式，时常成为展示的素材，这都是设法把造型引进室内的努力。可是在精神上，这些建筑的语汇无法达到展示的目标。虽然在美术性的展示上，建筑语汇可能有所帮助，展示设计家不应该也不可能依赖造型达到展示的目的。

　　总结以上的讨论，可以下表来表示建筑艺术、室内设计与展示设计间的关系。为了方便，我把以上讨论的五个要素改为造型、空间、表现、功能、自然五项。造型指外表美；空间指内部美；表现指自由度；功能指使用机能，包括动线；自然指与自然环境的关系。

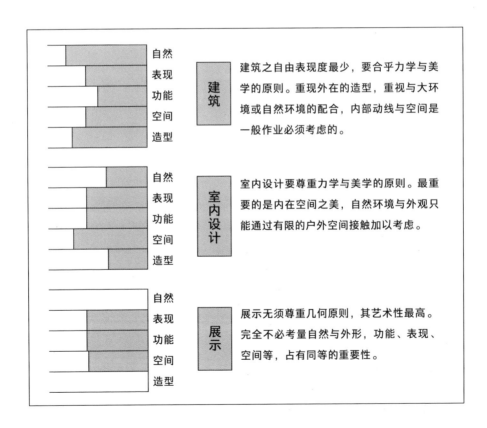

展示的个性与民族性

　　展示是建筑艺术的一种，但其表现的自由度高，是没有具体造型，与自然不相关的空间艺术。由于其艺术性较高，所以展示的艺术的个性特别强，而且其民族性也容易显现出来。艺术必然有个性，艺术表现特别自由的，其个性愈强，在展示艺术上，很少人谈论个性，但艺术家的个性是很明显的。反过来说，凡是一个有为的艺术家，其作品中一定有强烈的个性。因此属于个人的，独特的表现方法是必要的。成熟的展示设计家一定要有自己的风格。

　　展示设计的过程，看上去似乎是相当理性的作业。实际上，自构想开始的各个步骤，都有设计家的个性在内。由于任何一个展示，其表现的方法都是有多种选择的，因此决定以哪一种方法来表现，与其说是理性的选择，不如说是个性的发挥来得恰当。在比图的作业中，博物馆的决策者在诸多方案中选择，与其说是选择优劣，不如说这是决策者寻求一个与自己的趣味相投或近似风格的设计师。因此，选择一位设计师并予以尊重，是成功的必要条件。设计师喜欢悬奇的手法，这些构想虽然可以整理成系统，但设计师个人的偏好使他的处理能力，以执行合乎他的风格的作品容易成功。

　　有时候呈现在表现的手段上，有些设计师喜欢用光，所以进入展场会发现各种闪闪的光线，连天花、地板都不放过。有些设计师喜欢阴暗；有些人喜欢光亮；有些人喜欢写实的展现，一切造景与造像都要逼真；有些人喜欢写意的展现，样样都点到为止，留下很多想象空间。这些不同的手段实在没有优劣上下之别，都可以发展为第一流的展示，其选择实

直接引进光线的芝加哥美术馆一隅

费城罗丹美术馆以木质壁面与地板衬托雕塑展品

在于决策者明智的判断，如何使展示家发挥得淋漓尽致。有时候则表现在材料与色彩以及局部的细节上。设计者如同戏剧的导演，为控制整体的效果，细节也要顾及。材料的质感、色彩的浓度，是和谐色还是对比色等，都因设计师之异而有所不同。决策者在了解一位设计师的时候，必须多看他的作品，掌握他的风格与习用手法，确定他是否表现了固定的风格。有时候，由于设计者是名家，所接的工作太多，作品每每出之于助手，而助手时常更换，则作品的风格或水准即不稳定。比较大的公司常有此问题存在，有时作品甚佳，有时水准降低。所以决策者要选的是设计者，不是公司。

在我经营自然科学博物馆，遇到葛登纳先生的时候，在他的家里与两处重要作品中，感到他的作品风格平和、美观而且有创意。那就是说，他不出怪招，以稳重的古典的环境与美感取胜，没有惊世骇俗的打算，但是在个别展示的设计上以创意为先，绝不抄袭。这种风格比较合乎我的个性，而且我认为比较有长远性与大众性。也就是说，这是结合传统与创新的风格。

在自然科学博物馆的生命科学厅中，"色彩世界""数与形"等不是葛登纳先生本人的设计，就可以看出很大的不同，这两个单位的风格也颇有不同，虽然是在他的统筹下，还有连贯性，仍可看出非出于一人之手。在"数与形"展示中，设计师对精致细小的模型特别喜爱，所以这些模型，不论是动植物或人物，都是白色甚精致的制作。在"色彩世界"展示中，设计师喜欢用大量材料拼比的组合。在数处使用许多照片，或许多色面组合在一起。一般人会以为这是"色彩世界"所必要的，其实不然。这个展示的内容并不甚充实，

台湾自然科学博物馆地下层的"色彩世界"展示

台湾自然科学博物馆地下层的"数与形"展示

自然界的色彩还有很多内容可以展出，可是设计师在收尾的一个展示中要我们选择对颜色的喜好。

由于展示事业是国际性的，所以经常有国际的展示公司到中国台湾或其他国家地区从事设计服务。可是我们必须了解，公司的业务经营是国际性的，展示设计的美学却与各民族有关，即使在国际化的包装下，也可以看出各个民族的特有美学。这不是优劣判断的问题，而是思想与审美的传统所形成的差异。以我个人所接触的几个国家的展示设计家来说，确实可以很明显地看出风格的差异。分别以日本、英美与法国的风格来说明。

日本的民族性非常细腻，自古以来，他们是爱好工艺，珍惜传统的国家，因此日本的设计师非常偏爱细致的制作。他们的模型做得非常好，而且很喜欢做模型。一方面，日本是人偶很普遍的国家，各地的人偶均有特色，而且制作精细；另一方面，他们很喜欢做建筑的缩小模型，在博物馆的展示上，用模型表示是他们的习惯。模型引发日本人的情感与想象，不是其他民族，尤其是中国人所能理解的。日本人的古典剧，如能剧的演员，实际上是一些足尺的模型而已。

日本是一个爱美的民族，爱悲壮的、凄凉的美感。因此日本的设计家都是严肃的，缺乏游戏的心情，因此在新展示的风潮中，日本人是落后的，因为他们把博物馆与商展划分得太清楚了。在日本人的心目中，博物馆就是美术馆，而美术是静观的，是以美的表现为主要的目的。动态的、游戏性的都是不入流的设计。他们不愿意夸张，以免破坏美术的高贵特质。日本也是一个喜欢抽象思维的民族。这是因为自禅宗在彼邦流行以来，对生活的安顿依靠禅理的成分甚多。对日本人来说，"一粒沙里见世界"是真实的，所以，在平凡的事物中都可能有深奥的哲理，都可能因哲理的体会而有所彻悟，这是喜欢开禅宗思想玩笑的中国人所无法理解的。由于这种民族的背景，表现在展示设计或建筑设计上的，是玄理的基础；他们构思是自玄理开始。玄者虚幻也，他们并不重视某一展示之理是否为观众所查知或吸收，他们所重视的是展示的架构有一玄理为后盾。这是一种观念主义者的态度，对于重实际的中国人或英美人来说，都是很难理解的。对日本人来说，一切艺术都是观念的艺术，世界上并没有纯粹的视觉艺术。

与日本的民族性对比起来，英、美是务实的。由于英国中世纪的传统十分深厚，故他们也是很细致的，很手工艺倾向的。但他们毫无疑问是视觉感官主义者，对他们来说，视觉艺术就是反映在视感官上的艺术。眼睛所见所感才是重要的，至于后面的哲理也是依据眼之所见来阐释的理，并没有什么难以参透的大道理，或有什么更高的秩序。英、美是现代工业国家，它们的文化以创新为道德，因此在展示设计上，他们希望推陈出新。愈是第一流的展示师，愈不愿拾人牙慧。虽然在一般的展示上不能不利用通常的方法，但在关键性的展示上，一定要有所创造，出乎常人之预料。由于此种创新性，又是喜欢科技的民族，英、美的第一流艺术家可能从完全不同的角度想问题，提出全新的构想。掌握了科技是他们的优点，因此他们可以为所欲为，这是日本人所望尘莫及的。相对的日本人太小心了，太尊重传统了，太注重集体的认同了。

西方的民族喜欢的是逻辑的思考方式，因此思想习惯是线形的。他们的创造常是如何排列这一串珠子，好像是一位注重装饰的妇女藏有多条项链一样，每条有不同的材质与花样，但其本质都是用一条线所串起来的物件，要他们放弃这种观念是很困难的。英、美的现实主义作风，使他们的展示作风向来偏重于写实，也就是希望观众得到真实感。他们重视足尺的表现，即使是模型，也是原寸模型，做

日本博物馆中的建筑缩小模型

迈向缪斯

得惟妙惟肖，所以蜡像馆产生在英国。自然史博物馆的生态造景式展示，使用写实画的背景来配合，也是在英、美，特别是美国大行其道的。生态造景是美国博物馆展示方法上的里程碑，风光了半个世纪，以生动的动物标本配合着蜡像技术，及高度的写实绘画背景，使喜爱大自然风光的观众极为感动。第二次世界大战之后，由于人工昂贵，抽象艺术流行，生态造景开始受到攻击而逐渐改变，而终被抛弃，实为极可惜之事。"生态"在展示上是英、美专有的观念。英、美民族以戏剧为主要的艺术，因此对舞台效果与情景控制极为熟稔。他们展示的每一部分均有良好的空间与光线方面的控制。一个展示像一个故事或一出戏，在空间中展开，曲折变化，各有不同的氛围；有低潮，有高潮，有起承转合，是有机体。

台湾自然科学博物馆的生态造景展示

法国巴黎布朗利河岸博物馆 (Musee du quai Branly) 的展示

　　在西方民族中，属于地中海族群的法国与英、美之间就有显著的不同。与英、美比较起来，法国人是城市的民族，他们是建筑语汇的创造者，因此对建筑艺术非常重视。在展示中，建筑的空间受到最高的尊重，展示似乎与建筑之间有良好的契合关系。对法国人而言，无论何类的展示，都不容易使他们破坏建筑原有的空间。这一点，法国与日本的观念较为接近。法国也是一个美术的民族，美术是他们主要的艺术形式，因此美术的呈现方法被推而使用到各种展示上。法国与日本不同的，是他们不喜欢模型，对于缩小的模型完全没有兴趣，对细小的器物与手工艺的兴趣，也大不如日本。他们的重点在绘画与雕塑。这就是法国新博物馆的面貌。奥赛博物馆原来是一座火车站，在改建为美术馆的时候，仍然保持了建筑空间，其他艺术虽然有甚高的价值，但在馆内仍然在建筑空间的支配下。奥赛吸引人之处似乎不在价值连城的后期印象派绘画。

法国有一座世界第二古老的自然史馆，其新近改装完成的自然演化馆，完全没有演化的线形思考，没有故事，没有戏剧性，而是一个庞大的建筑空间，在大空间中，一群动物作势欲奔。他们认为这是展示的舞台效果，其实是雕塑效果，因为舞台是有故事的，这里没有故事。这群动物之间没有共同活动的事实，没有生态关联，只是以美的关系被放置在一起而已！这与台湾自然科学博物馆"地球上的生物"厅，非洲造景外面的动物陈列的意思是一致的。

法国巴黎自然历史博物馆大厅的展示

台湾自然科学博物馆中长尾叶猴的生态造景展示

台湾自然科学博物馆"生命的起源"展示　　台湾自然科学博物馆"台湾南岛语族"展示

　　巴黎的历史博物馆规模不小，亦有清楚的历史发展的脉络，但其展示完全依赖历代写实的绘画，使人惊讶法国人如何迷恋绘画这种媒体。巴黎人几个世纪以来不断地、忠实地画出巴黎市的细节，把他们排在一起就成为很自然的巴黎发展史的展布了。巴黎有详细的视觉记录，其历史观实在完全不同于中国的历史观，与英国的历史记录方式也大不相同，这只要比较伦敦的历史博物馆就可以明白了。法国人不注意展示的情景的控制，而着重于建筑空间中的物体美的安排，在科学城博物馆的展示中也可以观察得到，他们甚至不把各种展示做空间区隔，只注意各种展示在大空间中的秩序。法国人实在是一个视觉的民族！法国也是一个重系统的民族，他们是理性哲学的故乡。在法国北部的小镇里，有一座第一次世界大战博物馆，因为当地是该次大战的战场，这座小型博物馆的展示，完全符合法国的特色，以建筑空间为主，几个展示室均在同一展示系统的统合之下，清晰明了，令人轻

台湾自然科学博物馆的阳光走廊

台湾自然科学博物馆植物园中的热带雨林温室馆

热带雨林温室馆

迈向缪斯

易掌握全场。正因为如此,法国的博物馆几乎没有造景,没有令观众陷入特定情景的设计,观众随时保持神志清醒,不会因布景而失神。因此在新展示潮流中,法国参与的程度是有限的,他们不喜欢美国式的迪士尼乐园。

自以上可知民族的美学是重要的因素。所以展示的美学必须考虑本国的民族性,不能盲目地学习外国,或某一国的喜好。很奇怪的是,中国人并不能接受我们的邻邦的展示观念,因为我们与日本的民族性相去甚远。相反的,我们的喜好与美国十分相近,是现实主义、戏剧化的奴隶。同时,美国与我们的艺术观都是平民主义的,都是大众的;日本与法国的品位比较属于贵族与上流社会。

台湾自然科学博物馆人类文化厅展示之一

14 展示的美感
—

　　一所博物馆，因其性质，其教育的功能大异其趣。如美术馆，其目的在于普及美术教育。但美术的内容并不相同，以台湾本土的美术为主要展示、收藏为目标的美术馆，它的教育观念就是充实与观众有关的、本土美术的知识，所以其目标是很狭窄的。又如文物博物馆，其教育观念可能涉及工艺史及工艺之推广；至于科学博物馆，其目标在于科学教育更是不待言说。但是，有一些教育目标，是一切博物馆都应该肩负起来的，那就是群育与美育。博物馆是公共场所，其存在是为了大众的利益，所以到博物馆，要遵守公共的行为

展示着制纸工坊的树火纸博物馆

将展品散置的现代美术馆

迈向缪斯

原则，要考虑其他参观者的权益，不为一己之私而危害公共利益。在博物馆里，观众们应该自然感到这种公共责任的神圣性。

举例说，现代美术馆的展示常常不用橱柜，而把展品散置，使观众感到亲切，如果观众没有公德心，展品就会被破坏，后来的观众权益就受到影响，且会影响博物馆的决策，把特别有价值的展品收起来，以模型代替。可是在我个人的经验中，发现一个设计良好的博物馆展示，对观众自然产生一种公德心的要求，使他们感到为公众保护展示品的责任。自然科学博物馆的开放式展示，曾经以观众的破坏为由而设想安全体系，但开放以来，只有在鼓励动手的部分经常有损坏；在只能看不能动的展示中，虽偶有小事件发生，整体说来，观众的行为颇令人满意。观众以科学博物馆为傲，因此很爱护它的展示。

台湾自然科学博物馆开放式的展示

展示的美感

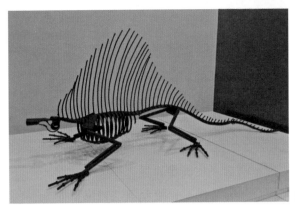

强调美感的台湾自然科学博物馆

　　博物馆界有一个无须沟通的观念，就是所有的博物馆都负有美育的责任。也就是说，博物馆不管其性质为何，都应该为观众提供一个具有美感的环境，使他们通过美的潜移默化，改变人们的气质。对于已有高品位的阶层，美的环境则是一种礼貌，一种基本的条件。因此每一座博物馆，不论是何类博物馆，其展场的内外都应尽可能的具备美感。这也就是为什么旧金山探索馆，虽闻名全球，却因完全不考虑展示的美感，没有得到博物馆界应有的尊重。下面试就展示本身分析美感。

空间的美感

　　展示既为内部空间的设计，其外在美已不存在，故其首要的美感为空间的美感。这是建筑美感的一种，即由外壳所包被的空间赋予人的美感，如果用通用的语言来说明，可称之为氛围美。空间的美感是以断面的比例为基本架构的，比例是指高度与宽度之比。一个匀称的空间其高度与宽度间应适当，不宜过高，不宜过宽。良好的比例虽不一定非黄金比例（1∶1.618）不可，在高一宽二之间是比较恰当的，如果太宽，应该隔为两个以上的空间。一般说来，高大过宽的空间，除非是有特别的表现目的，是不太合宜的。展示设计中常把天花弄黑，造成高度以壁体为标准的感觉。

在比例之外是尺度，所谓尺度是指尺寸的大小。相同的比例在外形上看是一样的，但如尺度不同，人在其中就有不同的感受。在一个匀称的空间中，人站在宽度四分之三的位置，回头观察壁体，眼睛应能轻松地掌握全部空间。所以一般的空间，以天花在三四米为宜，如为廊道式展览，其高度可降低，盖宽度愈小，愈无高度之感受。以上说是十分静态

将天花弄黑造成较佳的高宽比例

展示的美感

的空间感，听上去像是长方形房间，展示空间虽亦有此类，但现代展示千变万化，实无法以一种形式来束缚。然而如能掌握静态美感的空间比，在此变化中，亦可运用裕如。分析起来，展示空间的变化，不过是各种比例的空间所联结起来而已。

空间整体的美感并不是只有比例与尺度，色彩的使用，光线的控制，甚至音乐的曲调，都有助于形成某种空间气氛。但是展示空间，尤其是博物馆的展示，不宜有过于幻觉化的空间。强调空间美感的设计，有时亦做成特殊的效果。如台湾自然科学博物馆的演化部分，进口处的优美空间，是特别塑造出的洞穴感。此时，天花与墙壁就融为一体。加上特别设计的光影，其效果甚为动人。在变化多端的展示空间中，美感的产生是多方面的结合，此时最重要的是前景之美。所谓前景，即观众循序参观，向前移动时所见之景象。这与建筑学上的街景非常相近，因此其美感亦可以街景来描述。

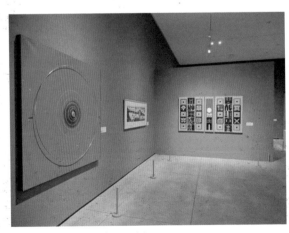

台南市立美术馆有色彩的展示空间

台湾自然科学博物馆生命科学厅入口的展示

迈向缪斯

意大利中部小镇的街道

　　街景之美，一赖宽窄、松紧之变化；二为壁面虚实之对比；三为转折造成之悬疑；四为空间似隔非断的穿透；五为光影、阴暗之变化。其中除了第五项，因展示空间在室内，无阳光可形成光影之外（但或可用灯光代替阳光），其他均可使用在展示前景美的设计上。这是高度设计技术的产物，初学者无从掌握，即使是熟手的设计师也不易掌握。由于街景之美是欧洲中世纪城市的特色，体会法国南部及意大利中

台湾自然科学博物馆中国科学厅一隅　　　　　　　　台湾自然科学博物馆中国科学厅中国医药的穿透展示

部小城的街道是学习的重要途径。现代都市设计师为保证设计之效果，使用小型潜望镜的装置，在模型上模拟建成的效果，今天计算机模拟技术成熟后，应该可以有更理想的设计成果了。

悬疑与变化是中世纪街景的美感，但欧洲文艺复兴后的空间亦有其美感，为一种新古典的美感，是均衡对称的，开朗平和的。这种空间组织原则在展示中较少使用，乃因展示要造成对称效果很不容易。在前文中曾讨论美国式的生态造景厅，因其具有对称的可能性，所以大多使用古典建筑的母题来装潢。

如果以台湾自然科学博物馆的展示为例，中国科学厅中的"古代中国人的故事"属于曲折变化型空间，"中国人的心灵"属于古典的对称空间。可见空间组织的选择是要因主题性质的不同而决定的，并没有孰优孰劣的问题，学者宜掌握两者性质的差异，加以灵活运用。比如"穿透"是欧洲街景的重要特色，在中国建筑中，庙宇的大门与牌楼，与住宅中的月门，均是轴线上的，具有穿透作用的设置。此种效果非常吸引人，是值得运用却很少为展示设计师所认识的。由于这些技巧的运用，大多与建筑有关，因此具有建筑背景的展示设计者比较容易达到空间美感的要求。但建筑师而未经展示设计训练者，亦有将建筑语汇直接带入展场的习惯，如柱梁、拱门等。这是否为一缺点，尚待讨论。但是建筑进入展场的情形是正面的。加拿大的文明博物馆中，主要的展场是建筑空间的塑造，因此使其展示特色极为突出。

展示面的美感

展示与建筑不同，后者的主体为空间，展示的主体为版面。当我们想到展示的时候，就是墙面上的张贴，因此我们

建筑师凡德罗设计的柏林新德国美术馆

柏林新德国美术馆展览室一隅

可以说，展示的基本单元为面板。展示面的美感，可以称为壁体之美。在建筑中时有建筑物以壁体美为表现特色的。中国建筑外围以院墙，所见均为墙壁，故中国建筑之美常常是屋顶与墙壁的对比之美，台南的开基武庙就是最好的例子。

展示面是一个版面，垂直竖立，上面张贴或悬挂展示物，因此在设计上是最基本的平面设计课题。可以把这个面当作一张纸，尝试安排展示物，得到最佳的效果。美术馆的传统展示就是这种最单纯、最基本的展示。美术馆传统的展示室是四个面的组合，现代化的展示则有独立面出现。把面的美感发挥到极致的，是建筑师凡德罗（Mies van der Rohe）先生。他设计的建筑是玻璃与面的组合，因为他不喜欢转角，因此特别强调面的优越性，使建筑物成为开放的、由隔层分开的空间。因此，这样的观念转换到展示的时候，有很强烈的效果。因为自古以来，展示物是附着在建筑壁体上的，自从凡德罗的语汇发明之后，展示物就有超乎建筑的独立面出现，而且是这些独立面形成了建筑的空间，新的德国美术馆展示多受此观念的影响。

　　他的作品中，二十年代的巴塞罗那的展示馆，是完全为展示而设计的，影响了世界建筑界数十年，有些语汇已经成为世界永久的资产。一张举世闻名的照片上，面都是平滑而有纹理的，大理石是他很喜欢的质感。在他的设计中，长方形的水池也成为一个光滑的面，一个雕像站在这

1929 年建筑师凡德罗设计的巴塞罗那馆

展示的美感

巴塞罗那馆内的大理石壁面

迈向缪斯

样的空间里，显得格外突出。他是以简单明了为美学的，因此在展示面上，愈单纯，展示就愈突出。他设计的展示馆，平面的展示物如绘画、摄影等，最理想的展示方法，就是与展示面同大。也就是把展示物与展示面结合为一体，使展示面消失于无形，其效果非常感人。这种极端现代的展示面，展示大型雕刻与绘画，有惊人的效果，有时很大的空间只能展出少量的作品，是最尊重艺术品的方法，但一般博物馆是无法负担的。

如果这样的展示面没有大型的绘画，就需要基本的平面设计，把一个小的长方形的绘画安排在一个大型展示面上，怎么安排才好的问题。在真实的世界中，很少有如此唯美的展览，通常是资料很多，必须填充在展示面上，因此多是面对如何安排这些材料，使其不至于紊乱的问题。这种"安排"

保护标本的展示柜

展示的美感

是平面设计的基本能力，对设计师来说，应该是容易胜任的。如同编画页一样，许多面的组合要考虑每一幅的色彩与浓度造成的量感，有时候也是很麻烦的。展示面有一个好处，就是不必受建筑的限制，因此设计师没有必要为过大的面，过多的展示物烦心。可以把一个面裁成两片，使每面上的资料降低到容易控制秩序的尺寸。因此比较轻便的巡回展，常常采用标准尺寸，每片与门板大小相仿，以便于搬运安装，而其上之展示品均在同一秩序下安排。这样做虽然不能成为伟大的作品，却可达到国际水准以上的视觉效果。

当然在一般展示中，展示面是不可能完全统一的。有墙面，也有版面是最通常的结合，如何使这些面，以及面上的展示物，相互辉映，达到美感的目的，当然是比较困难的技术。在非美术性的展示中，展示面常常要与其他展示要素相结合。其实美术展示如混合了绘画与雕刻，问题已经很复杂了，在其他展示中常常要结合各种展示物。在昂贵的展示中，为保护标本（或美术品），常常需要用玻璃保护，因此展示面有时以展示柜的方式出现。展示柜与观众的距离较远，是展示面板与展示台的结合。展示台是置放立体展示物的位置，因此展示柜常常是面与体的组合。

展示体及组合的美感

如果把展示面称为二向度的基本展示单元，那么展示柜里的展示组合，是三向度的基本展示单元。只是展示组合不易简单的描述而已。面是用来展示平面资料，如同绘画。体是指展示立体资料，如同雕塑或器物。组合的意思，是单一展示物的陈列方式，或多种展示物的组合。对立体的展示物来说，陈列方式与组合都是涉及美感的。第一流的展示对展示体的组合多半十分考究。展示体及组合大概可分为以下几类。

1. 展示体及其辅助陈列物的组合。
2. 多种展示体互相间的组合。
3. 展示体与展示面的组合。

最基本的当然是单一展示体的陈列。通常在展示中，为了使展示物便于被欣赏，在陈列时会用台或架辅助之，这台或架就成为展示中的要素。比如，国人对于重要文物的陈列，通常使用木制之精美台架，以提高其价值感。古文物有时甚为粗糙，与时下之民间粗物无异，但如置于红木座上，其文物之价值即呈现出来，使观众之注意力大幅提高，这是中国古物发展出精美台架工艺的原因。在现代展示中，受西方观念影响，多不置台架，而直接放置在展示柜中。但是为达到理想的效果，不能不使用辅助物，如支撑等。支撑物的设计，

以中性色彩的合作呈现展品

如何衬托展示品，把展示品的特色凸显出来，是简单组合最
重要的课题，光线是很重要的因素。

中国传统的观念是用高贵的台架衬托，现代西方的观念
则以使台架不为观众所见为原则，以呈现展品之本然。因此
后者就成为现代展示设计的重要原则。因此衬托物都是展示
物的背景。展示师通常喜欢使用不凸显的中性色，如灰色为
台座，或用透明的亚克力为支架，以达到作为纯背景的目的。
可是即使如此，台座仍然是可见之物，不期然地成为陈列的
一部分。因此，就不能不考虑多项展示体互相间的配合。在
一般的展示柜中陈列多项展示物时，首先会遇到展示物之间
的配合关系。

文物性质的展示有两种。第一种是分类展示，如陶瓷、
玉器等。这一类的展示，展品本身有相当大的同质性，配合
关系很单纯。比如，台北故宫的宋代瓷器展示，甚至把同一
时代，同一窑口出产的器物陈列在一起。如宋官窑器，或定
窑器等。展出物之造型与色泽基本上相同，因此在互相配合
上，只剩下两个因素的考虑：其一为器形与大小，其二为高
低。在此情形下，和谐的美感是不难达成的。即使如此，台
座的高低、大小，都是重要的因素。第二种是综合的展示。
或者是以时代为主轴的展示，或者是主题性的展示，这类
的展示总是把不同的器物放置在一起，达到其独特的展示目
的。如果以宋代文物为题的展示，其展示物必然包括了各种
器物，即使是陶瓷类，亦可能展出不同窑口出产的器物，而
且可能有金属器、漆器等，在一起共同展出。这时候和谐的
美感就要一番讲究，才能达到了。这类综合性展示最显著的
例子，是立体造景，或称生态造景（diorama）。造景的目

台北故宫博物院的宋代瓷器展示　　　　　　　以色列国家博物馆的立体展示

的是再现某一情景，传达一种特殊的讯息。而且，博物馆的造景必然是美的造景。有时候，美的组合比造景的真实性还受重视，这就是法国国立自然史馆中动物标本的展示观。

　　法国自然史馆中的展示已不计较生态的关系，完全考虑动物间美的组合固然是一种极端的例子，即使是英、美式的生态造景，同样也是以美为主要考虑。在大型非洲或南美洲的原野造景中，多种动物在一个有限的空间中以生态的关系展现出来，和谐的美感是最重要的因素。美式的生态造景是艺术家合作的结果，每一只动物的姿态要真实，要美观，是标本师的杰作，背景的绘画表现出无限的世界，是图画师的作品，树木等模型是模型师的作品。而这些美的东西又要在造景设计师的统筹下，完成一个美的整体，好像交响乐散发出的和谐的美感一样。这可能是最困难的综合性展示。

至于一般的综合性展示，其组合的美学是比较抽象的美，台座的大小高低的组合美，台上的不同形状、色彩的器物的协调美，通常也是抽象的。要使组合丰富则必须有色彩、质地、形状的变化，在变化中有统一，在紊乱中有秩序。

　　在展柜内的多样性展示，要注意其立体性。在单独的立柜中展出几件器物，是一种三度空间的组合设计，安排要生动活泼。在成排的立柜中也同样要注意其立体性。成排予人的印象是线形排列，而事实上，柜子有几十种自六十厘米到一米以上的宽度。这样的宽度有足够的空间形成三向度的变化，三向度的设计不只是块体的组合，虽然块体是博物馆最常用的技术。目前在展柜的展示中，尚待开发的是多种变化的立体设计，比如台湾自然科学博物馆的认识古玉特展中，

台湾自然科学博物馆生态造景展示

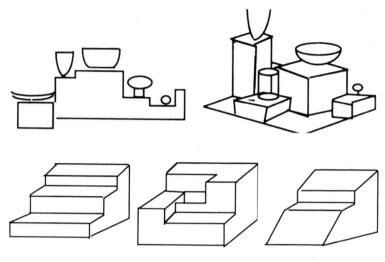

三空间的展示

使用斜面，陈列片状的古玉器，就是一种变化，少有人使用。这是在有限的面积内展出大量古玉器仍不觉拥挤的有效方法。顺着这样的思路，可以进行其他更有趣味的立体设计，如自后向前斜之梯阶式及其变样。

　　事实上，如果展示设计者不厌其烦地制作有变化的台座，则打破块状是理所当然的。在珠宝店里，为了展示名贵的宝石，会用各种美观的台座来衬托。比如把方形块体变成椭圆形块状，就会产生明显的变化。其次，是展示体与面的组合。自美术性展示来看，体与面的组合几乎囊括了一切的可能性。一般说来，绘画是面，雕塑是体，在一个展示空间中，绘画与雕塑的联合展出就是面与体的组合。在前文所提到的凡德罗先生的巴塞罗那展示馆里，雕刻就是衬在墙壁形成的面与水池形成的面之间。虽然这是很简单的组合，但美术馆中很少使用。美术馆通常喜欢艺术品突出于展示背景之

美术馆中绘画与雕塑的联合展示

巴塞罗那馆的壁面衬托着雕塑

珠宝店中的展示

上，因此，不习惯认识艺术品与艺术品之间的相互关系。事实上，艺术品不可能完全与环境分开，如果认为环境不重要，那么展示就不重要了。因此，即使是艺术品，当展示在博物馆中，也不可能做到每室只有一幅画的条件，即使是最名贵的作品也不可能办到。所以，美术馆的展出仍然要考虑到画与画之间的关系，甚至画与雕塑间的关系。如果掌握了展出的美感，则绘画与雕塑的联合展出，应该可以收到更愉快的效果。即使没有雕刻品，为了休息用的座椅的造型，也会与绘画之间产生体面的互动。

体与面的组合使用最多的是人类学或历史类博物馆中，说明板与展示物的组合。这类博物馆物的展示最具多样性，而且都要文字的说明，在展柜中或开放性展示中同样具有组织各种资料，表达历史关系的必要性。自纯视觉的观点看，历史类或人类学展示可能是最困难的，其原因在此。

多样的展示物，又有大量文字的说明或图解，如何使观众轻松又清楚地了解此一文化，或此一历史时代的生活，必须有特别高超的展示技术，因为用展示品来重建一个故事是不容易的。如何清楚地表达故事，又很愉快地呈现出来，需要非常高明的设计师才办得到。在本文中讨论了各种展示形态的美感，但是必须指出，最基本的美感，还是来自展示物本身。不论展示的格局如何美观，如果展示物本身不具美感，其效果还是有限的。因此，在选择展示物的时候，选择美的展示物是成功的基本条件。举例说，陶瓷的展示中，如有宋代汝窑或官窑，则是极美之物，展示设计可能以它为重心，轻易达到展示美的目的。如果并不入眼的一般收藏品，则特别需要设计的包装。这与戏剧或电影中的主角必须找到美女与壮男以加强戏剧效果是一样的。当然，展示物有时是没有选择的。在标本极为稀少的情形下，只有某一标本，而它并不具有美感，是很平常的情形。这时候，展示设计者要有化腐朽为神奇的能力。比如，一块在铁器发生的时代所铸造的器物，经过长年的锈蚀已不成形。这样一件标本可能是很稀少珍贵的。在展示的时候，即使这样不完整的标本，还是可以取某一个角度呈现出来，获致一定程度的美感。因此，设计者的巧思与品位是很重要的条件。

图文之美

在展示中，另有一种美感为民众所不留意者，为说明文字与图解的美感。说来令人难以相信，民众是最重视文字美的，甚至发展出世界上独一无二的书法艺术，可是用在展示上，却忽视了文字美感的重要性。在早期宣导式的展览中，常常使用传统的书法，写大字报一样逐一用楷书写出来。可是自从传统的书法逐渐式微之后，即使政令宣导的大字报，也只能用"艺术字"来写。但是书写的时代过去了，到今天，大部分的机构还是把海报用书写的方式表现，每个机构都要有一位写得一手好字的人，或者一个会写美术字的美工人员。也许正是因为我们太重视书法艺术的缘故，对于图文展示之美就忽略了。到了我们不太会写毛笔字之后，又在美术字上动脑筋，就漠视了展示之美，笔迹只是其中之一部分而已。

一度台湾流行用保丽龙板写字或刻字的方式，以强调说明文字，这是一种比较幼稚的文字美的感觉。自从台湾自然科学博物馆第二期开馆以来，编印技术在台湾被广泛采用，图文说明的水准显著提高。目前已经知道图文要直接印在展示板上，因此已经与国际的作业方式完全一致。一般说来，图文之美大概可以分为下列几项。

1. 字体的美。
2. 各种字体配合之美。
3. 图样之美。
4. 图样与字体配合之美。
5. 说明板与整体展示环境配合之美。

就这些项目来说，所涵盖的范围几乎是设计的一个领域了。所以这一行在分工非常细密的外国，是一种专业，以下分别就各项简要说明之。

字体之美——这就是外国人所说的 Lettering。中外相同的是都有不同的字体。中国有篆、隶、草、楷、行各体，加上宋代有了印刷术以后所发展出宋体、明体。现代印刷业发

台北故宫博物院南院的展示说明

日本设计师为台南美术馆设计的标志

达之后，又仿西洋的字体，演出黑方体等。在传统的书法中，篆体与草书使用于展示者极少，主要因为字体不易辨认，达不到展示的效果。隶、楷、行可选择适当者选用。可是，书法上的字体使用于印刷中缺乏印刷的感觉。所以设计工作者很少选用隶、楷为印刷体，反而较喜使用仿宋体或明体，甚至方体。仿宋体，有长形、方形两种，是横竖比较均匀的字体，每一画的起首与收尾都与楷书相近。宋代开始用印刷术时，就是把楷书标准化，仿宋不过是使用铜模而更加细致、标准而已。其字体甚为秀丽，与英文中的歌德体相近。

明体有长形、方形、扁平形之分，其特色是使用木板刻字时，按照木纹的特性而衍生。其横甚细，竖甚粗，是因为横顺木纹，竖逆木纹之故。笔画起、收与转折处也有楷书的味道，所以造型有均衡之美，与英文中的罗马体相近。方体之细者俗称细方体，粗者俗称黑体。这种字体并非出自中国传统，所以看上去略显呆板，但作为辅助性的字体则非常有用，尤其在小标题上，或要读者特别注意的字句上使用，能凸显而不失和谐，重黑体则多用于大标题。

字体本身有其特点，但同一字体亦有美丑之分。这就是印刷厂要注意选择铜模的缘故。要知道，印刷体是来自书体，铜模是由人书写后制成，所以字写得不好，是做不出好的字模的。同样是明体字，在视觉美上有高下之分。一般书法之美丑大家很熟悉，印刷体之美丑可以自美术字的原则来批判。美的字体是顺眼的字体，使观众看起来很舒服。但要做到这一点，需要有高度修养的设计家不时修正才成。要做到"减一分太瘦，增一分太肥"的最理想标准是很不容易的。

字体配合之美——在一个展示说明板上不可能使用一种字体。通常要选择一种为标准字体，即大多数文字，也就是正文的字体。有了这个字体后，必然尚有其他文字，如大标题、副题、注释、引文等不一而足。虽然展示的说明文不可能很长，也许没有太多辅助性文字，但三两种仍然是可能的。这时候，就要考虑各种字体间的配合。前文说过，最基本的字体配合就是标题与正文。可以用同一种字体，只变化其大小，这样有统一与和谐的效果，但不免呆板而缺少变化。所以寻找不同的字体，而有统一效果的标题字是很基本的。如果正文中夹有引文，情形就复杂了。引文也可以用正文同样的字体，达到统一的效果，但也缺乏变化，同时不易辨别正文与引文，这时候正文与引文之间如何以字体配合就很重要了。

有时候用完全不相类的字体，也就是使用对比法来达到统一的目的，这是很不容易成功的策略，有时候不得不变化其色彩，来达到对比的效果。比如，使用宋体字的正文，用隶书或行书的标题，因完全缺乏一致性，可以换用不同的颜色。隶书的笔画很重，也可以用灰色，以减轻其分量。总之，

台湾自然科学博物馆的展示说明之一

这是很有趣，却很困难的一个特殊的设计领域，最好经过专家的手来完成。

图样之美——在博物馆展示版上，常有图样与文字同时出现。图样在现代展示中占很重要的地位，与文字同样重要。图样有地图，以说明位置，年代表以说明时间，解析图以说明构造，古图样以比较古今等。在现代展示中，还会使用大量的照片，以弥补实物的不足。这些图样可以使文字说明更为生动，使不易了解的观念，很容易了解。以观众的习惯来说，阅读文字是他们最不喜欢的。如有图样，通常他们会先看图样；如果有图样而不易懂，他们更没有兴趣了。所以，说明牌如果可以图样来解释，就用图样，一旦用图样就要清晰易明，而图样本身要有美感。图样的美不容易用文字说明白，不外乎美的几个基本原则。匀称是很重要的，线条的美感是很重要的。由于图表大多为线条组成，线条的粗细轻重要与文字配合。为了美感，现代展示中的编印展示说明，可以把图文分开处理。比如，展示板的底色是浅蓝色，文字可以用黑色压在浅蓝色上，图解可以用反白，在蓝色上用白线表示。这样可以产生空间的感觉，创造生动的印象。当然，最重要的，还是图样本身的美感。如果图样本身很松散，就要用印刷的技术去弥补了。

有些图好看而不易懂，如机械图，病在复杂。有些图易懂而不好看，如地理、历史图表，病在单纯。懂得制图者要在好看而易懂上努力。照片是广泛使用的材料。由于照片通常有一灰色的底子，所以使用照片时可以去底，使照片中的主体凸显出来。但内容复杂的照片不易去底，就只有使用照片的原样。未经去底的照片是一个面，用在展示说明上，与文字形成面与面的组合。

台湾自然科学博物馆的展示说明之二

台湾自然科学博物馆的展示说明之三

展示的美感

博物馆人+建筑人

《迈向缪斯：汉宝德谈博物馆》编后记/黄健敏

——

     1977 年汉宝德离开东海大学建筑系，至台湾中兴大学理工学院出任院长，因为是大学的教授，乃于 1981 年成为教育部门主掌台湾自然科学博物馆（以下简称科博馆）筹备处主任，这使得他的身份多了一个斜杠，也开启了博物馆人的新人生。从 1983 年科博馆动工，1987 年科博馆正式成馆，1993 年科博馆四期工程竣工，1995 年全馆开放，十四年的心血成果，成就了傲人的博物馆。

     1995 年汉先生辞了科博馆馆长，接续的使命是成立台南艺术学院。鉴于成立科博馆惨淡的经验，台南艺术学院特设立了博物馆学研究所，所长由汉先生兼任，有关博物馆规划与展示规划之课程由他亲自教授。为了教学，汉先生编写讲义，这些讲义由学生曾信杰、吕佩怡打字，于 2000 年 8 月刊印成书：《博物馆管理》与《展示规划》。

     2014 年 7 月底汉先生过世之前的一次见面，曾与我讨论过这两本书，希望能浓缩精简，跳脱课堂讲义的原本样貌，好让更多人共享一个建筑人从事博物馆的经验。2019 年 7 月，自这两本书选辑了《博物馆、建筑与建筑师》等七个章节，汇编成下篇之《博物馆建筑》。上篇中的《世界博物馆建筑综观》亦取材自《博物馆管理》，同时另选集了汉先生历年撰写有关博物馆的多篇文章，汇辑成上篇的《博物馆》。上篇中的《现代？美术？馆？》一文发表于 1976 年 11 月 25 日《中国时报·人间》，堪称是汉先生对博物馆议题最早的评论，年代久远矣，但意义弥新，乃特收录于此书。

汉先生于自然科学博物馆任内创办《博物馆学季刊》，每期刊物首篇的论评由汉先生针对当期的专题亲笔撰文，自 1986 年元月至 1995 年 4 月，共计达三十四篇。自然科学博物馆将这三十四篇文章编印成《博物馆谈片》，于 1995 年 9 月出版。

台湾自然科学博物馆筹备的初期，就提出发展的构想，拟定本馆的五项目标，其中一项即博物馆学的研究。当时筹备处的同人认为兴建一座具有国际规模的大型科学博物馆，台湾显然有人才短缺的问题。基于政府的政策，在比较短的时期内完成，我们不得不借重于国际上的专家。筹划人员虽然有多次出去学习的机会，并且保持与国外博物馆专家密切接触，仍不时感觉依赖外国，不是长远之计。因此我们觉得发展自己的博物馆学的研究，是刻不容缓的。

台湾并不是没有博物馆，台北故宫博物院已有数十年的历史，而且因其收藏而蜚声国际，即使规模较小的台湾历史博物馆、台湾省立博物馆，及其他专业或文物性博物馆，均有相当的成就，但是除了"故宫"以文物的保存为重，性质比较特殊外，大部分的博物馆，均因人力与经费方面的短缺，并没有机会在博物馆专门业务方面跟上时代潮流。从业人员有心无力，是台湾博物馆界面临的问题。

台湾自然科学博物馆是第一座由政府斥巨资筹设的计划，它是着眼于国际水准的，因此参与筹划的朋友们有幸接触到现代博物馆的思潮，有机会深入地了解现代博物馆的作业方式，并长期与国际专家共同工作，感到有一种责任，开拓台湾博物馆学术的研究。在过去，博物馆原是没有学术可言的，然而最近二十年，由于国际组织的推动，博物馆在社会文化上所扮演的角色，日见重要。过去由各科专家分庭抗礼所凑成的博物馆，已不足以应付现代社会的需要，而必须自博物馆的整体着眼，跨越各行各门的界域，开辟出一个新的学域来。这个工作对于本馆的同人是一个挑战，也是一种义务。当然，这绝不是本馆一个单位的责任，而台湾从事博物馆工作的同业们，都或多或少肩负了这项责任。因此我们决定出版一个刊物，一方面供馆内同人发表研究心得，同时也作为与国内各馆同业交换心得的园地。

任何一种学问开始时都有一个很幼稚的时代，博物馆学要在国内成长，也要经过一段吃奶的日子。所以本刊出版的初期，必然要依赖国际研究的成果，我们准备自学习开始，以吸收来寻求自我成长。馆内的同人将通过这个刊物得到博物馆的新知，我们也希望台湾博物馆的同业们除了提供他们的研究心得外，还能分享我们对国际的著作的系统介绍。简言之，本刊创刊初期，将以翻译英文博物馆刊物上的文献为主。我们为求文字集约、内容紧凑，每期均有一主题，希望给读者一些比较完整的资料。

博物馆学包括的范围非常广泛，自收藏、保存的技术，大众教育与展示技术，乃至博物馆的经营与管理等理论与实际，均是我们探讨的范围。依照博物馆的新定义，除了传统的各类博物馆、美术馆外，户外的展示，动植物园，乃至国内的文化中心等均应包括在内，因此我们认为台湾有很多同业，可以经由此一刊物加强联系；我们相信大家携手努力，台湾博物馆的事业必然可以开拓出一片崭新的景象。

这是《博物馆学季刊》的发刊词，汉馆长如是说。出自一位博物馆人＋建筑人的心声，足以作为《迈向缪斯：汉宝德谈博物馆》的自我书介。本书的出版为博物馆学增添新册，一偿汉先生的心愿！谨于汉先生离开我们五周年之际的冥诞，献上本书志念之！

迈向缪斯 汉宝德艺术札记

漢寶德 谈 博物馆

图书在版编目（CIP）数据

迈向缪斯:汉宝德谈博物馆/汉宝德著.——北京:文化发展出版社,2023.7
ISBN 978-7-5142-3979-9

Ⅰ.①迈　Ⅱ.①汉　Ⅲ.①博物馆－工作－研究　Ⅳ.①G26

中国国家版本馆CIP数据核字(2023)第012438号

版权登记号：01-2023-3139

迈向缪斯：汉宝德谈博物馆

汉宝德 著　　黄健敏 主编

出 版 人：宋　娜　　策划编辑：孙　烨		责任编辑：孙　烨
责任校对：岳智勇　　马　瑶		责任印制：杨　骏
封面设计：王新宜　　张雪娇		排版设计：王新宜　　张雪娇

出版发行：文化发展出版社（北京市翠微路2号　邮编：100036）
网　　址：www.wenhuafazhan.com
经　　销：全国新华书店
印　　刷：固安兰星球彩色印刷有限公司

开　　本：710mm×1000mm　1/16
字　　数：177千字
印　　张：17
版　　次：2023年9月第1版
印　　次：2023年9月第1次印刷
定　　价：88.00元
ISBN：978-7-5142-3979-9

◆　如有印装质量问题，请电话联系010-88275720